水戸弘道館小史

鈴木暎一著

文眞堂

はじめに

水戸市三の丸の旧弘道館正門の柱には、いくつかの弾痕が今もはっきりと残っている。これは明治元（一八六七）年十月一日・二日の、水戸藩政争最後の決戦となった弘道館の戦いのとき受けた傷跡である。

この戦いで、構内に立ち並ぶ文館、武館、医学館、天文台、寄宿寮など施設の大半が焼失し、残っていた鹿島神社、孔子廟《こうしびょう》、八卦堂《はっけどう》などは昭和二十（一八四五）年八月二日の水戸空襲によって失われた。そのとき八卦堂に収められていた「弘道館記」の石碑もかなりの損傷を受けることになった。

とはいえ、正門と、至善堂を含む学校御殿（正庁とも呼ばれている）は二度の戦火をくぐりぬけて開設当初の姿のままに現存し、「旧弘道館（正庁・至善堂・正門附塀）三棟」として国指定の文化財（建造物）になっている。

明治四年の廃藩置県にともなって翌五年、この学校御殿に茨城県庁が置かれた。庁舎は、明治十五年、今の県立図書館の場所に新築され、昭和五年にその北隣に建て替えられたものの、平成十一年、庁舎が市内笠原町へ移転するまで約一三〇年のあいだ、旧弘道館の敷地が茨城県の政治・行政の中心だったことにかわりなかった。

顧みれば、この弘道館は、九代藩主徳川斉昭により天保度（一八三〇—四三）の藩政改革の一環として、神儒一致、文武不岐の建学理念のもとに開設されて以来、その改革を推し進めようとする改革派とこれに真向から反対を唱える反改革派との政争の渦中に立ちつづけなければならなかった。その政争の最後の決戦が弘道館を舞台に展開されたことはまことに歴史の皮肉というほかはない。

本書は、水戸藩校の弘道館について、開設前後から廃藩置県により三〇年余りの教育活動を終えるまでのあらましをたどったものである。そのさいとくに、教職や被教育者である藩士とその子弟が何を考えいかに行動したか、すなわちかれらの動向ないし実態を時どきの藩政・藩情と関連させながら、具体的に書き込むように心掛けた。学校の歴史といえばともすると、組織、制度、教育課程を羅列的に述べ、これらを解説して事足れりとする弊に陥りやすいので、そうした点をいくらかでも改めたいと念じたからである。

この五浦叢書の性格上、叙述は平明を旨とし、写真や図版を多く入れて親しみやすいものになるよう努めてはみたものの、当然記述すべきことを漏らしていたり、気付かぬ誤りがあるかも知れない。それらは読者諸賢のご批正をえて後日補筆訂正したいと考えている。

なお、文中に引用する史料は原文を現代文に直し、典拠を示す注も煩雑をさけて最少限にとどめ、引用あるいは参考とした史料・文献などは巻末に一括して掲示することとする。人名については、諱《いみな》（実名）、通称、字《あざな》、号のうち一般に知られていると思われるものを用い、それがたとえば号のとき、補足的に諱や通称を適宜括弧に入れて示した。括弧内には必要に応じ当時の役職などを記した場合もある。

ともあれ、この小冊子がひとりでも多くの方に、水戸の代表的史跡である弘道館について関心を寄せていただく機縁ともなるならば、著者の喜びこれにすぎるものはない。

目次

挿図一覧

一、開館前の教育活動

弘道館とその教育活動について述べるに先立って、その前史ともいうべき士民を対象とした講釈と、水戸城下に数多く存在した文武の私塾について簡単に触れておくこととしたい。

四つの講釈所

水戸藩では二代藩主の徳川光圀（一六二八―一七〇〇）の時代からすでに藩士の教育が行われていた。光圀は明暦三（一六五七）年から神田の別邸（のちの駒込。現在の東京大学農学部構内）に史局を設け、のちに『大日本史』と呼ばれることになる史書の編さんを開始したのであるが、寛文十二（一六七二）年からこの編さん所を小石川の本邸（上《かみ》屋敷）に移し、これを彰考館と命名した。この館名は光圀自身が、中国晋代の杜預《どよ》（二二二―二八四）の、『春秋左氏伝』序にある「彰往考来」という語から採ったもので、過去を明らかにすることによって、将来を考える、という意味である。

光圀のもとで史書の編さんに当たった田中止丘は、寛文十二年の五月に記した「開彰考館記」のな

1．水戸城遠景の図（茨城大学教育学部附属小学校蔵）

かで、

光圀が駒込に編さん所を設け、儒学者に命じて、上は神武天皇から、下は「今世」に至るまでの本紀と列伝を作り、「班馬之遺風」（班は『漢書』の著者班固《はんこ》、馬は『史記』の著者司馬遷《しばせん》）にならって「倭史」（日本の歴史。のちの『大日本史』）の編さんをはじめてからここに十数年を経過した。彰考館を開設したのは、この「倭史」をいよいよ成功させたいと考えたからである

と記している。

この彰考館において、毎月三と七のつく日の六回、経書すなわち儒学の基本文献である四書五経などの講釈が、そこに勤務している学者によって行われた。聴講者は藩士とその子弟である。これを史館月次《つきなみ》講釈（史館講釈）といった。

ついで元禄十一（一六九八）年から久慈郡太田村（常陸太田市）の馬場御殿で月三回、やはり彰考館（光圀が元禄四年、太田村の西山荘に隠居すると、水戸城内にも彰考館を設けた。江戸のそれを江館、水戸のそれを水館と称して区別することにしていた。この場合の彰考館は水館を指す）の学者が交代で勤める馬場講釈がはじまり、この講釈は近在の一

般民衆を対象とするものであった。

この前年には、彰考館に勤務していた森尚謙が城下大町に士民を対象とした私塾を開き、光圀がこれを儼塾《げんじゅく》と命名した。

正徳二（一七一二）年、これまで江戸駒込の朱舜水（明朝の再興を計って失敗、万治二（一六五九）年長崎に亡命してきた中国人儒学者。寛文五（一六六五）年光圀の招きで江戸に来り、以後光圀の殊遇を受ける。みずから「門人」と称した光圀は水戸徳川家墓所瑞竜山〈常陸太田市〉に舜水を葬る。墓碑「明徴君子朱子墓」は光圀の筆になるものである）の宅址にあった祠堂が城下八幡小路（のちの田見小路）に、再建されたのを機として、その附属の講堂で、祠堂守《しどうもり》による講釈が行われるようになり、藩士のみならず民衆の聴講も許した。

右のうち、馬場講釈は光圀没後まもなく廃絶し、儼塾講釈も尚謙一代で終ったけれども、史館講釈と舜水祠堂講釈とは、時に盛衰があったものの、ながく引継がれ、やがて間接的ながら弘道館の教育に接続することになる。

私塾の盛況

水戸城下には寛政年間（一七八九―一八〇〇）以降、多くの私塾が開設される。この時期になるとどこの地方でも士民向学の気運がたかまって、城下には私塾が、農村には寺子屋が、多数みられるようになるが、水戸地方でも同様の傾向を認めることができる。

いま水戸城下の私塾についてみれば、文化年間（一八〇四―一七）には学問・手習い塾が四〇余、

4

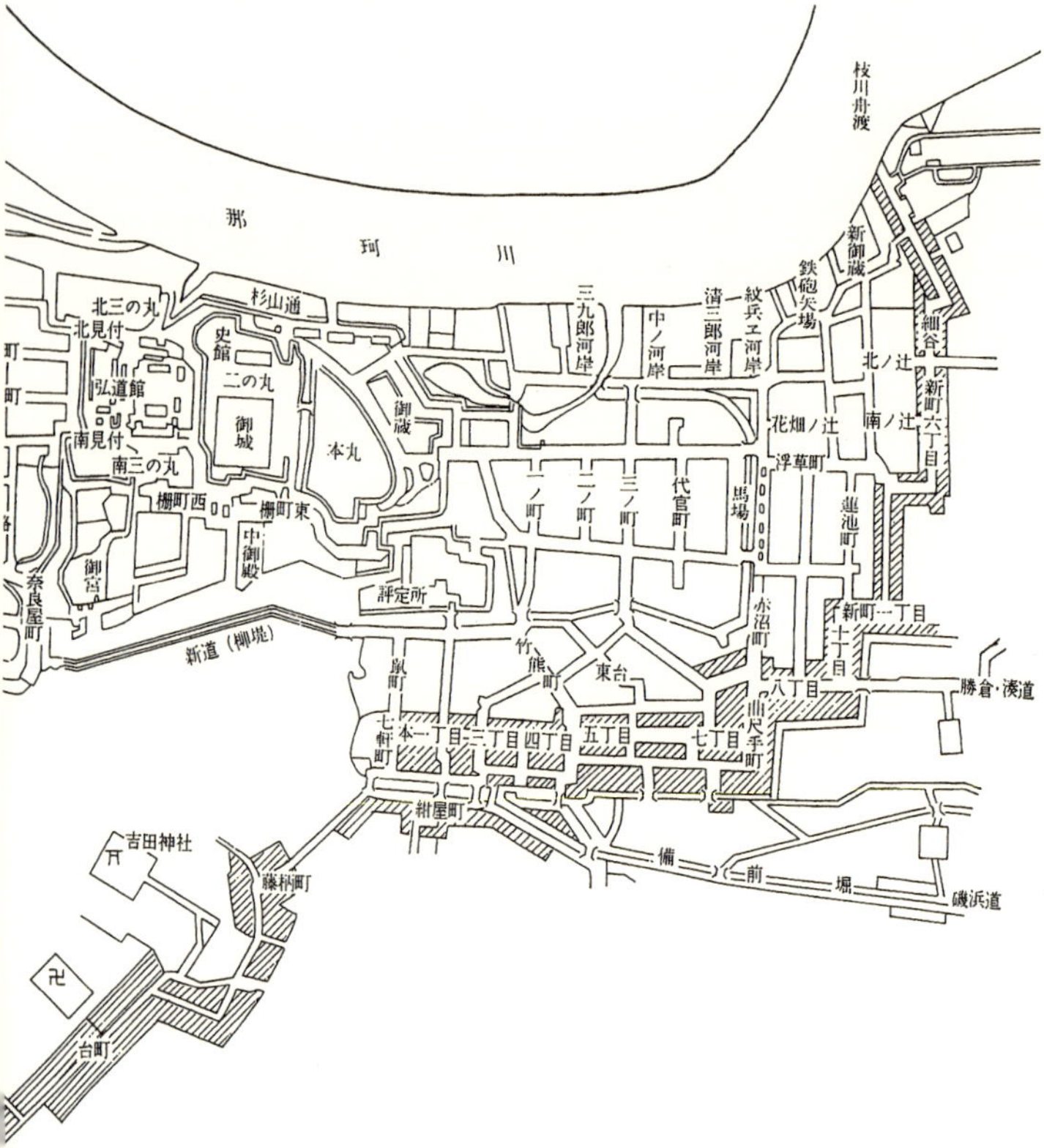

枝川舟渡
那
珂
川
杉山通
北三の丸
北見付
弘道館
南見付
南三の丸
史館
二の丸
御城
本丸
御蔵
三九郎河岸
中ノ河岸
清三郎河岸
紋兵エ河岸
鉄砲矢場
新御蔵
細谷
北ノ辻
南ノ辻
新町六丁目
花畑ノ辻
浮草町
一ノ町
二ノ町
三ノ町
代官町
馬場
蓮池町
柵町西
柵町東
中御殿
御宮
奈良屋町
評定所
赤沼町
新町一丁目
十丁目
新道（柳堤）
竹隈町
東台
鼠町
八丁目
勝倉・湊道
七軒町
本一丁目
二丁目
三丁目
四丁目
五丁目
七丁目
紺屋町
吉田神社
藤柄町
台町
備
前
堀
磯浜道

市史』中巻（一）より）

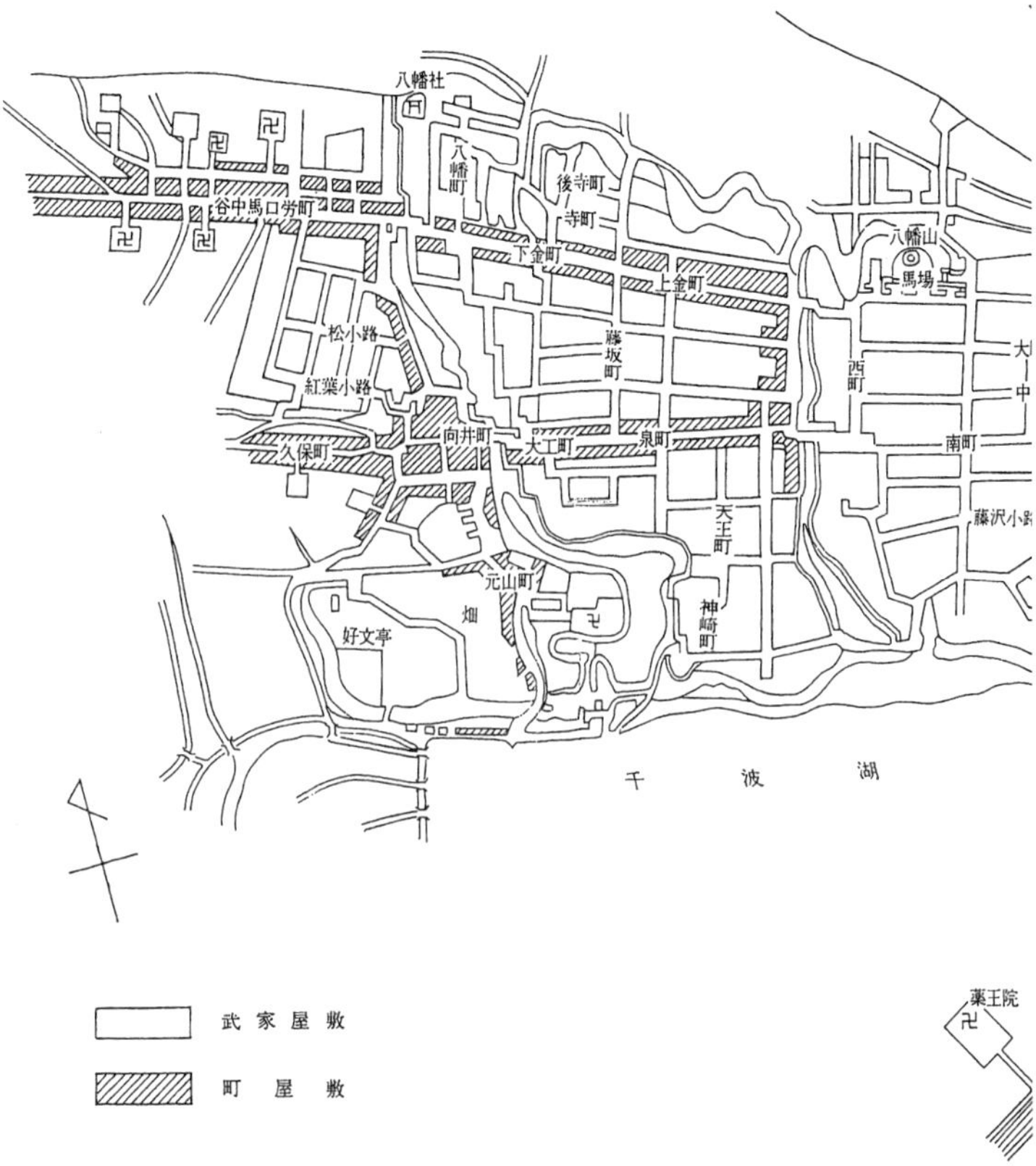

2．安政年間の水戸城下町割図（『水戸

武芸塾は一四〇余もあった。このうち学問・手習い塾には、手習いと読書をおもに教えるところと、儒学の経典などまで教えるところとがあり、後者は前者をかねる場合が多かった。

城下に学問・手習い塾が盛んに開かれるようになったので、藩庁は文化年間から私塾の教師に毎年門人の出精状況を提出させ、この報告をもとに教師や出精者の褒賞を行なった。同六年には出精者に講書を命じ、藩主（七代）徳川治紀《はるとし》がみずからこれを聴聞したこともあった。

同八年からは、藩士の子弟で塾へ通っている者については、素読と講釈に分け、毎月一日と十五日、定期的に学力試験（当時は学問吟味という）を実施することとした（これより先、享和三（一八〇三）年と翌文化元年に学問吟味を実施したことがあるが、その後中断していたとみられる）。この措置はおそらく、幕府が寛政の改革の一環として昌平坂学問所で学問吟味をはじめたことに影響を受けてのことと思われるが、はっきりしない。ともあれ学問吟味は、私塾を藩庁の統制下に組み込んでいくための策として有効であったと思われる。

一方、武芸塾には、学問・手習い塾の学問吟味に相当する試験はなかったが、文化六年から七年にかけて藩主治紀の武芸上覧が流儀ごとに行われた。この藩主上覧は、武芸錬磨と奨励に大いに役立ったにちがいない。武芸塾には、槍術、長刀、居合、兵法、剣術、柔、長剣、陣鎌、兵学、軍用、射術、鉄砲、馬術、諸礼、火術、水術、騎術、居物、三島流の一九の流儀があり、教師の数をみると、居合一八人、鉄砲一六人、射術一四人、兵法一四人、馬術一一人、柔一〇人などが多かったから、それらを学ぶ者も教師の数にほぼ比例して多かったであろう。

ともあれ、寛政期以降活況を呈した水戸城下の学問・手習い塾と武芸塾とは、やがて弘道館の開設とともに、その基礎教育を担う役割を果たすことになるのである。

二、徳川斉昭の藩政改革と学館建設

斉昭の襲封と改革派の抬頭

水戸藩歴代の藩主のなかで、弘道館を建設した九代の徳川斉昭は、『大日本史』の編さんをはじめた二代の徳川光圀と並び称される存在としてひろく知られている。光圀が藩政確立期の文運興隆の時代を代表する藩主であるのに対し、斉昭は天保期（一八三〇—四三）から幕末への内外多難の時代に、積極的言動をもって日本の政界の重鎮となったのである。

その斉昭は、寛政十二（一八〇〇）年、藩主治紀の三男として、江戸小石川の藩邸に誕生した。長兄の斉脩《なりのぶ》が文化十三（一八一六）年、二〇歳で八代藩主となったとき異母弟の斉昭は一七歳、三〇歳で藩主になるまでは部屋住みの身であった。

斉脩は生来病弱で、三〇歳になっても子に恵まれなかったので、文政十一（一八二八）年の暮ころから跡継ぎの問題が表面化してきた。すなわち、江戸の水戸藩邸勤務の家老榊原照昌や、水戸勤務の

3．徳川斉昭肖像（弘道館内掲示）

4．藤田東湖肖像（弘道館内掲示）

5．会沢正志斎像（弘道館内展示）

同職赤林重興ら門閥の重臣は、これまでも受けてきた幕府からの財政援助をより確実なものとするため、将軍家斉《いえなり》の二三男で三卿の一つ清水家を継いでいた清水恒之丞《つねのじょう》（斉彊《なりかた》）の養子実現を切望していた。

これに対し、初代藩主頼房以来の血統を守り、これまでのような門閥重臣主導の藩政を転換しなければならないとして、斉昭擁立を策する一派があった。

この斉昭擁立派は、山野辺義観《よしみ》（城代家老山野辺義質《よしもと》の嗣子）を中心に結束し、翌十二年十月、藤田東湖（虎之介）・会沢正志斎（安）・戸田忠敞《ただあきら》（蓬軒《ほうけん》）ら有志四〇人余が藩庁の許可なく江戸へ上り、その実現のための運動を展開する。山野辺を頭目に戴いているものの、斉昭派の主力は中下級の藩士であった。清水派も負けじと幕府への働きかけを強めたので、対立は一時深刻なものとなった。

しかし、斉脩が三三歳で病没したとき、斉昭を後継に、という斉脩自身の遺書の存在が明らかとなって決着し、幕府から斉昭に相続の命が下った。

斉昭は就任早々、それまで農民を苦しめていた三雑穀切返しの法（正租の金納分とは別に、大豆・稗・荏《え》の三雑穀に限り、畑高一〇〇石につき大豆五石、稗三石、荏一石二斗の割合で換金納させる税。三雑穀について、秋の安値の時節に藩が各村から前記石高の割合で形式的に買上げ、翌年春の高値の時節にその値段で農民に売りつけ、売上金から買上金を引いた差額を上納させる仕組みであった。《『水戸市史』中巻（一）》の廃止と、藩士の定府制（江戸常住）をやめて交代制とする、という二点を柱とする改革方針を打ち出すとともに、清水派の榊原・赤林らを処罰した。

しかし、家老の嗣子を頭に藩士が徒党を組み、無断で出府したのであるから、斉昭派もそのままでは済まされない。山野辺が左遷、藤田東湖・会沢正志斎ら三〇余人も閉門という罪を受けた。もっとも斉昭派は、二、三か月の間には全員許されたばかりか、東湖は郡奉行《こおりぶぎょう》に抜擢され、郡奉行七人のうち六人までが斉昭派で占められた。さらに天保二（一八三一）年の郡制改革で四郡制となるや、斉昭派が完全に郡政を掌握する。

改革の四大目標

こうして藩政改革はスタートしたものの、門閥派の抵抗は依然として根強かった。斉昭が改革派を優遇すればするほど重臣たちを結束させ、かれらは急激な改革を好まない小宮山楓軒ら一派との連携を強めつつ、反改革派というべき派閥を形成するに至る。

こうした派閥的対立のなかで斉昭は、就任以来水戸へ下って直接藩政を指揮したいと切望しながら、なかなかその機を得られず、それがようやく実現するのは天保四年である。しかしこの年はあいにく大凶作で、領民救済に多額の出費を余儀なくされて新規の事業にまでは手がまわらず、水戸滞在一年の間に、みるべき成果は何も収められなかった。そのうえ同七年には、四年を上廻る大凶作となって、藩士に封禄半減を強いる事態にまで追い込まれた。

斉昭は、翌八年、思い切って改革の四大目標を提示した。改革の必要性をあらためて藩士に自覚させるためである。

その第一は「経界の義」で田畑の経界（境界）を正す意味から全領検地のこと、第二は「土着の義」で藩士を水戸城下から農村に移して土着させ、武備の充実をはかること、第三は「学校の義」で藩校と郷校の建設、第四は「惣交代の義」で定府制の廃止、の四つである。

この時期以降も反改革派の抵抗は依然続いていくけれども、右の四項目を柱とする藩政の改革（これは天保期を通じて行われるので、天保改革といわれる）はしだいに軌道に乗り、その成果は藩外からも注目されるようになる。

建設の具体化と「弘道館記」

このうち「学校の義」についてみると、斉昭は藩主就任まもなくのころから、藩校建設の意志はもっていたようであるが、前述のような藩情により遅延を重ねていたのである。しかし二年後の天保十年、ようやく敷地を城内三の丸の、家老山野辺義観ら重臣一二人の屋敷とすることに決め、翌十一年一月、二度目の就藩（国許《くにもと》水戸に来ること）を果たすや、二月から早速建設工事の開始を指令したのである。

同月、用達《ようたつし》渡辺半介、若年寄戸田忠敞、側用人藤田東湖を弘道館掛に任じ、つづいて四月九日には青山拙斎（延于《のぶゆき》）と会沢正志斎が教授頭取に、杉山忠亮（復堂）と青山延光《のぶみつ》（佩弦斎《はいげんさい》、延于の長男）を教授に、それぞれ任ずる人事を発令した。このうち杉山は十四年一月に開設される江戸弘道館担当の教授となる。

6．青山拙斎肖像（弘道館内掲示）

これより早く斉昭は同七年、当時彰考館の総裁であった会沢に、建学の精神を示す記文の作成を内命していた。会沢はすでに『学制略説』・『学問所建設意見書稿』を著して学館構想について見識をもち、おそらくこの二著は斉昭の要請によって書かれたものであろうから、会沢に記文執筆の内命を下したのは当然の成りゆきであったろう。しかし会沢が、この度はその任にあらずと固辞したため、翌八年六月、改めてこれを御用調役（江戸勤務）の職にあった藤田東湖に対し、かつて仮名書きでみずから建学の主旨をしたため、藩士菊池善左衛門に漢文訳させておいたものを示して、これに基づき急ぎ起草するよう命じたのである。

とはいえ、斉昭と東湖との間には意見の相違があったので、両者は数度の意見調整を行ない、七月三日に成案を得たので、東湖は即日斉昭の手元に届けた。

斉昭ははじめ彰考館の学者の意見を求め、そのうえで幕府の儒官佐藤一斎に諮問する手筈であったが、東湖は、そうなれば文章の決定権を佐藤にゆだねる結果にもなりかねず、水戸藩の面目にもかかわると強く反対したので、斉昭も東湖の申出を受け、まず佐藤の意見を徴し、ついで青山拙斎と会沢正志斎とに個別に手書を下して意見を聞くこととした。そのとき斉昭は、東湖に、佐藤宛の依頼文を書くように命じ、東湖が九月三日これを提出すると、即日直書

7．佐藤一斎肖像
（高瀬代次郎著『佐藤一斎と其門人』より）

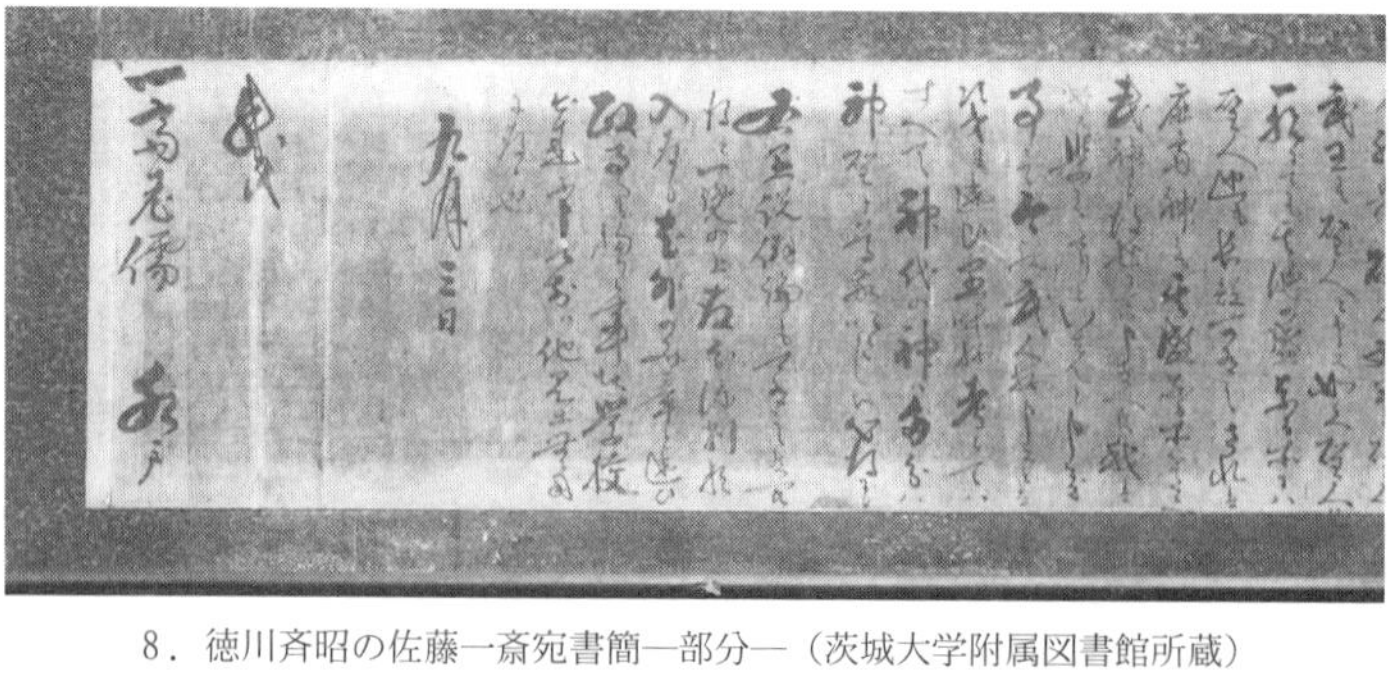

8．徳川斉昭の佐藤一斎宛書簡—部分—（茨城大学附属図書館所蔵）

に認め直してこれを送付した。その斉昭の佐藤宛書簡が本学附属図書館に所蔵されている（木村俊夫「烈公の書簡―烈公における弘道館の構想と佐藤一斎」〈『水戸史学』第三号、昭和五十年〉に全文の解読がある。烈公は斉昭の諡《おくりな》）。

青山、会沢、佐藤三者の批評と斉昭の下した裁定との全文は『水戸藩史料』（水戸徳川家蔵版）別記下に収められ、それによれば全体で二〇箇所ほどの字句について意見が寄せられていたことがわかる。ともあれ、斉昭の裁定をへた文章は、同九年三月、斉昭の名をもって「弘道館記」として公表された。その全文を書き下し文に直して示せば以下のとおりである（岩波書店刊、日本思想大系『水戸学』所収のものによる）。

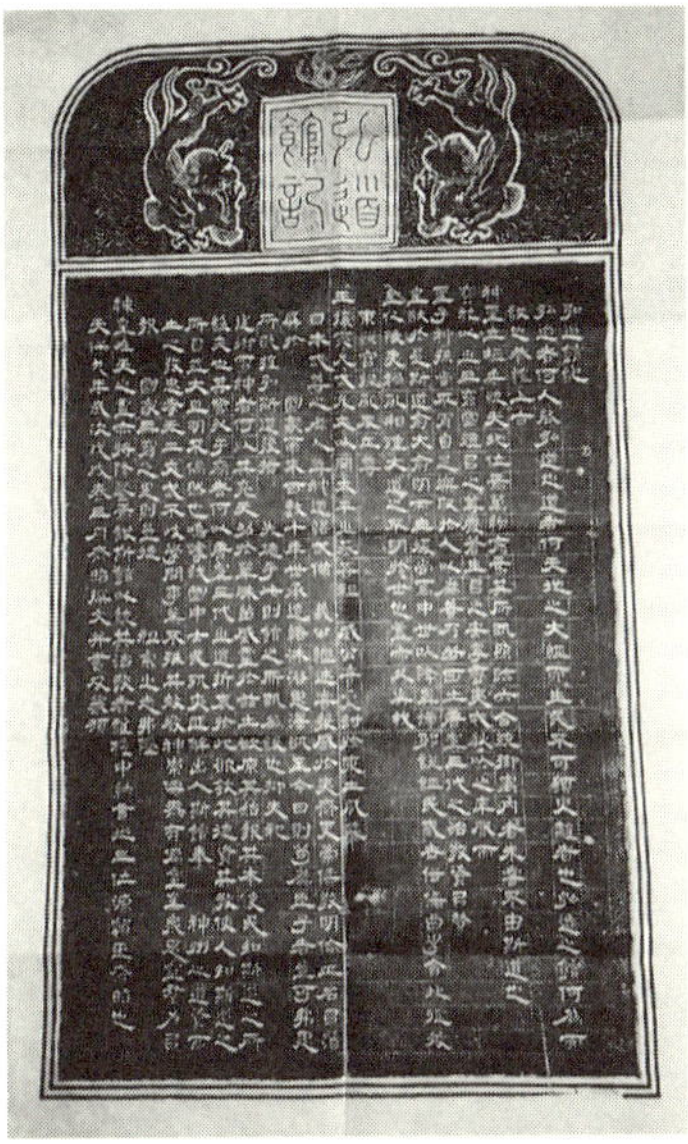

9．「弘道館記」拓本（著者蔵）

なお、館名の出典を求めれば、『論語』衛霊公《えいれいこう》第十五の、「子曰く、人能く道を弘む。道人を弘むるに非ず」にあるが、直接には、「弘道館記」冒頭の一句から採ったとみるのが妥当であろう。ちなみに、水戸のほかに谷田部（常陸）、彦根（近江）、出石《いずし》（但馬《たじま》）、福山（備後《びんご》）、佐賀（肥前）の五藩が藩校を「弘道館」と称し、設立年次からみると水戸がもっとも遅い。

弘道館記

弘道《こうどう》とは何ぞ。人、よく道を弘《ひろ》むるなり。道とは何ぞ。天地の大経《たいけい》にして、生民《せいみん》の須臾《しゆゆ》も離るべからざるものなり。弘道の館は、何のためにして設けたるや。恭《うやうや》しく惟《おも》みるに、上古、神聖、極《きよく》を立て統《とう》を垂《た》れたまひて、天地位《くらい》し、万物育《いく》す。その六合《りくごう》に照臨し、寓内《うだい》を統御したまひし所以《ゆえん》のもの、未だ嘗《かつ》て斯道《このみち》に由《よ》らずんばあらざるなり。宝祚《ほうそ》、これを以て無窮、国体、これを以て尊厳、蒼生《そうせい》、これを以て安寧、蛮夷戎狄《ばんいじゆうてき》、これを以て率服《そつぷく》す。しかも聖子神孫、なほ肯《あ》へて自《みず》から足れりとせず、人に取りて以て善をなすことを楽しみたまふ。すなはち西土唐虞《せいどとうぐ》三代の治教《ちきよう》のごときは、資《と》りて以て皇猷《こうゆう》を賛《たす》けたまへり。ここに於て、斯道《このみち》いよいよ大に、いよいよ明らかにして、また尚《くわ》ふるなし。中世以降、異端邪説、民を誣《し》ひ世を惑《まどわ》し、俗儒曲学、此《これ》を舎《す》てて、彼《かれ》に従ひ、皇化陵夷し、禍乱相踵《あいつ》ぎ、大道《だいどう》の世に明らかならざるや、蓋《けだ》しまた久し。

　我が東照宮、撥乱反正《はつらんはんせい》、尊王攘夷、允《まこと》に武、允に文、以て太平の基を開きたまふ。吾が祖威公、実に封《ほう》を東土に受け、夙《つと》に日本武尊《やまとたけるのみこと》の為人《ひととなり》を慕ひ、神道を尊び、武備を繕《おさ》む。義公《ぎこう》、継述《けいじゆつ》し、嘗《かつ》て感を夷斉《いせい》に発し、さらに儒教を崇《とうと》び、倫《りん》を明らかにし、名を正し、以て国家に藩屏《はんぺい》たり。爾来《じらい》百数十年、世《よよ》、遺緒《いしよ》を承《う》け、恩沢に沐浴《もくよく》し、以て今日《こんにち》に至れり。すなはち苟しくも臣子《しんし》たる者は、豈《あ》に斯道を推《お》し弘《ひろ》め、先徳を発揚する所以を思はざるべけんや。これすなはち館の、為《ため》に設けられし所以なり。そもそも、夫《か》の建御雷神《たけみかずちのかみ》を祀《まつ》るものは何ぞ。その、天功《てんこう》を草昧《そうまい》に亮《たす》け、威霊をこの土《ど》に留めたまへるを以て、その始を原《たず》ね、その本《もと》に報《むく》い、民をして斯道の繇《よ》りて来るところを知らしめんと欲するなり。その孔子廟を営むものは何ぞ。唐虞三代の道、ここに折衷するを以て、その徳を欽《きん》し、その教を資《と》り、人をして斯道のますます大にして且つ明らかなる所以の、偶然ならざるを知らしめんと欲するなり。

嗚嘑《ああ》、我が国中《こくちゅう》の士民、夙夜《しゅくや》解《おこた》らず、斯《こ》の館に出入し、神州《しんしゅう》の道を奉じ、西土の教を資《と》り、忠孝二无《な》く、文武岐《わか》れず、学問・事業、その効《こう》を殊《こと》にせず、神を敬《うやま》ひ儒を崇び、偏党《へんとう》あるなく、衆思《しゅうし》を集め群力を宣《の》べ、以て国家無窮の恩に報いなば、すなはち豈《あ》にただに祖宗の志、堕《お》ちざるのみならんや、神皇在天の霊も、またまさに降鑒《こうかん》したまはんとす。

斯の館を設けて、以てその治教《ちきょう》を統《す》ぶる者は誰《たれ》ぞ。権中納言《ごんちゅうなごん》従三位《じゅさんみ》源朝臣《みなもとのあそん》斉昭《なりあき》なり。

天保九年歳次戊戌春三月、斉昭、撰文、并びに書、及び篆額

右の「弘道館記」には五つの重要項目、すなわち神儒一致、忠孝一致、文武一致、学問事業一致、治教一致の方針が記されている。これらは弘道館教育の基本精神をなすものであり、しかも開館前に公表されたのであるから、実際の教育活動を説明するに先立って、それぞれの要点を述べておくこととしたい。

㈠　神儒一致。斉昭ははやく天保四年三月に示した藩士への教訓書『告志篇』のなかで、神道・儒教の一方に片寄ることを戒め、神儒一致を目指すよう説いていた。記文中五箇所にこの趣旨を述べていること、のちに越前藩主松平慶永《よしなが》宛に「第一に神皇の道を奉じ、儒教の道をもってこれを助け、ま

すます神道を盛んにしたい。先年水戸へ建てた学校もこの目的によるのである」と書き送っていることなどによって、斉昭がこの立場を重視していたことがわかる。

㈡　忠孝一致。武士の祖先はみな、おのおの先君に仕えて禄位を得たのであり、当代の武士はすべて父祖の禄位を受け継いでいるのであるから、父祖に孝を尽くすことはすなわち主君に忠を尽すことになり、主君に忠であることはすなわち父祖に孝を尽すことになる。したがって忠と孝とは根本において一致する。そして父祖と同一気を受け継ぐ子孫は、祭祀を行って先君、先祖の恩に報いる精神を養うようにしなければならない。

㈢　文武一致。斉昭が藩主就任以来、神儒一致の精神とともにとくに重んじたのが武士の文武兼修である。「弘道館記」ではこれを「文武岐れず」と表現する。後述するように、館内には文館と武館とを併置して文武を兼修させ、沈滞した士風の刷新をはかり、時弊を救おうとしたのである。

㈣　学問・事業一致。斉昭ははやくから藩校の建設を、武士土着の制と並ぶ富国強兵策の一つとみなしていたので、教育の成果が現実の政治のうえに活用されることを期待し、会沢正志斎や藤田東湖ももとより同様の考えを強く抱いていた。

㈤　治教一致。以上四つの方針のもとに行われる教育が真に効果を発揮するためには政治と教育との連携を密にした態勢を整えることが重要である、と考えられた。たとえば、正月と歳暮には藩主臨席のうえで式典を催し、毎年秋に大試を行なってこれにも藩主が臨席する定めとし、諸公子はじめ家老、若年寄、番頭《ばんがしら》ら藩の重役はみな学館に直接かかわる一方、教授頭取《きょうじゅとうどり》は小姓頭《こしょうがしら》に、教授頭取代と教授は小姓頭取に、助教は小納戸《こなんど》・次番組にそれぞれ任ぜられてこれを兼ねることとしたが、これらはいずれも治教一致の精神の具体化である。なお、試験制度や教職の任務などについては後述する。

三、仮開館と組織・制度

施設の概要

敷地は、水戸城三の丸の地三万二〇〇〇坪（一〇万五〇〇〇平方メートル）で、藩校の敷地としては全国一の広さである。ちなみに、つづく加賀藩（金沢藩）の明倫堂が一万七八〇〇坪、長州藩（萩藩）の明倫館が一万四〇〇〇坪というから、その約二倍にも及ぶ。天保十一年三月にはじまった建設工事は翌十二年七月には主要な施設がほぼ出来上ったようである。もっともなお建設途上の施設もあって、以後も工事は継続されていくのであるが、その総工費は約二万両といわれ（名越漠然著『水戸弘道館大観』）、この大金はすべて斉昭の「御手元金」――といってもその大部分は幕府からの助成金であるが――から支払われた。なお、久慈郡太田村（常陸太田市）周辺に五〇〇〇石の土地を「学田」に指定し、そこからあがる年貢米をもって学館の運営費にあてることにした。

敷地が広大なだけでなく、施設の配置にも建学精神に即して独特の工夫がこらされた。このことは、建学精神の独自性とともに水戸弘道館の大きな特色である（13「弘道館平面図」参照）。すなわち、まず学校御殿（正庁ともいわれ、管理棟のこと。その西奥にこれと廊下つづきに至善堂を設けた。至善堂は藩主の座所と諸公子会読のための施設）を挟むような形で右と左（北と南）に文館と武館とを配した（文武一致）。学校御殿の南庭には武術の大試場（対試場）を置く。

文館には、居学《きょがく》・講習・句読《くとく》・寄宿の四寮と、編修局・系纂局・講習別局・教職詰所などがあった。学校御殿と文館との間に一棟があり、ここには歌学局・兵学局・軍用局・音楽局・諸礼局が置かれた。いわば専門学科の教場である。

武館は三棟から成り、北側の一棟は撃剣場で、一刀流・水府流・神道無念流の三道場に分かれていた。中の一棟は槍術道場で、宝蔵院流二派と佐分利流の二流三派の道場、南側の一棟は居合・柔術・長刀《なぎなた》などの稽古場になっていた。

この武館南棟の東の一角に天文方が置かれ、天文・数学・地図局の三室があった。天文方の西には天文台があり、この一角も専門的な教場といえる。

武館の西方には独立した学校の形態を備えた医学館を建てた。これは天保十四年に開館するので、のちに一項を設けて述べることにする。

敷地の中央の区域には孔子廟《こうしびょう》と鹿島神社を併置し（神儒一致）、その中程に要石《かなめいし》の歌碑（歌は斉昭の自作、自筆。歌詞は「行末毛《ゆくすえも》　富美奈太賀幣曽《ふみなたがえそ》　蜻島《あきつしま》　大和乃道存《やまとのみちぞ》　要那里家流《かなめなりける》」）を建て、孔子廟の西隣には学生警鐘といわれている鐘楼を設けた。鐘には「物学ぶ人のためにとさやかにも暁つぐ

10. 弘道館正門

11. 学校御殿（正庁）玄関

る鐘の声かな」という和歌が彫られている。これも斉昭の作である。

先に執筆の経過を述べた「弘道館記」は、高さ三・一八メートル、幅一・九メートル、厚さ〇・五九メートルという大きな大理石（藩内真弓山から切り出された寒水石《かんすいせき》）の碑に刻まれ、敷地の中心点に建てられた八卦堂《はっけどう》（八角碑亭）に収められた。

孔子廟などの施設が建てられた敷地中央の区域は弘道館のいわば聖域ともいうべき区域である。なお、この区域の南西隅には斉昭自撰の「種梅記碑」もある。館内には後述する偕楽園と同じように多くの梅樹を植えたので、斉昭が仮開館の年にその由来を記して建てたものである。

敷地の西方一帯には南北に長い馬場と調練場が広がり、施設としては砲場、弓砲場、厩、厩

12.「要石」の歌碑

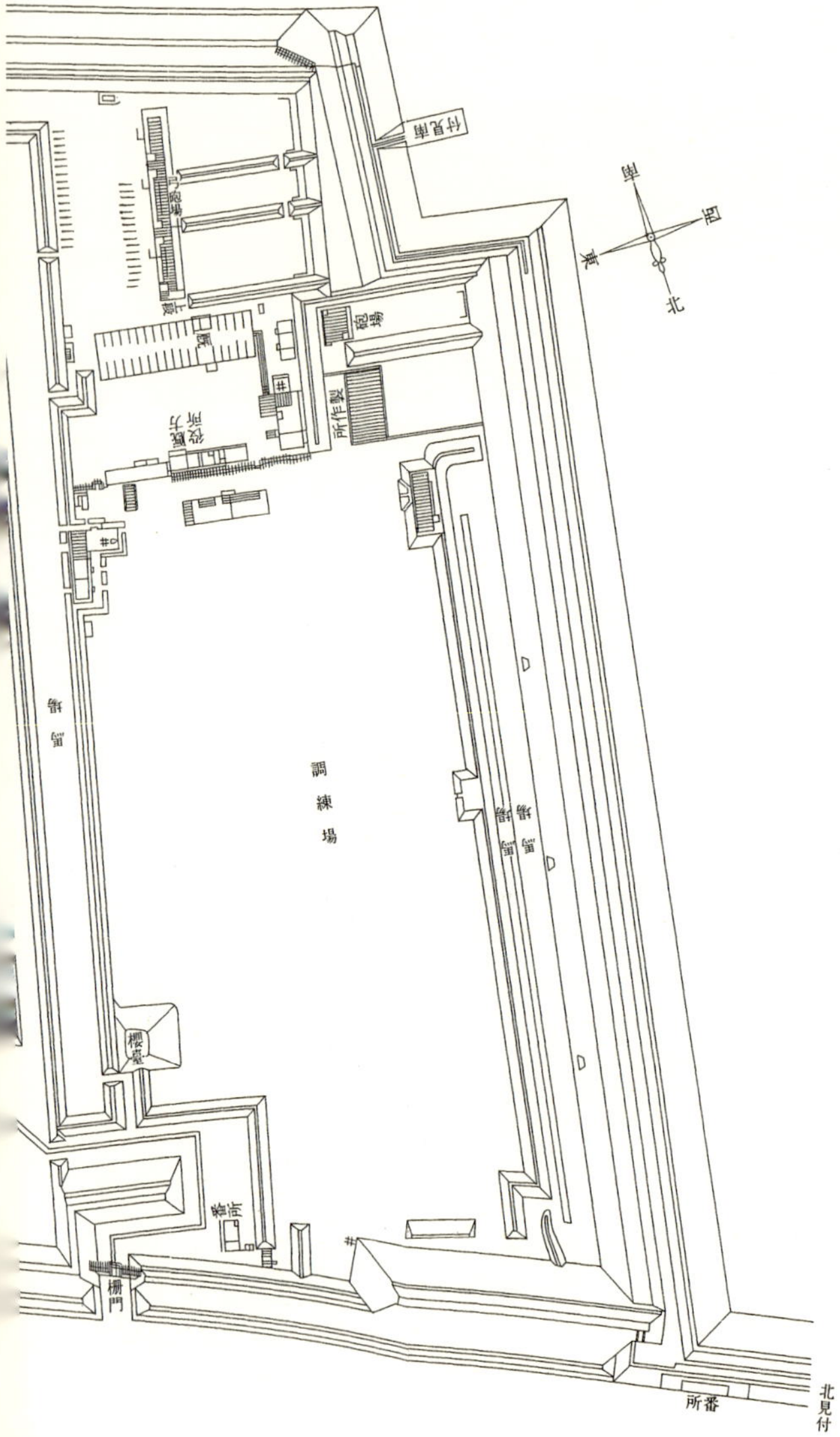
南見付
南
西
東
北
砲場
上蔵
製作所
調練場
馬場
櫓臺
番所
柵門
番所
北見付

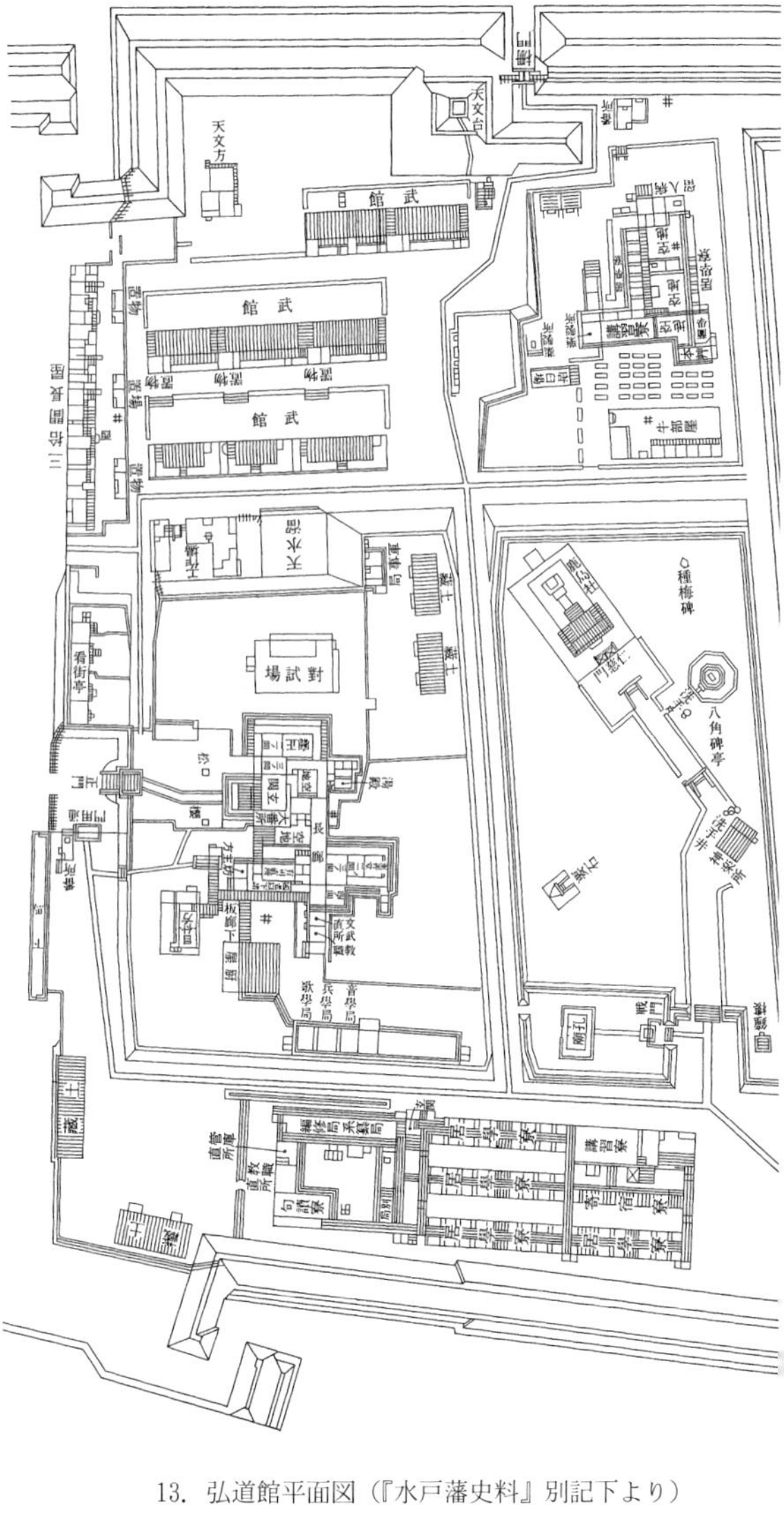

13. 弘道館平面図（『水戸藩史料』別記下より）

方役所などがあった。調練場を挟んで西端にもう一つの馬場があり、そこは斉昭が創始した神発流砲術の訓練場として使用された。

仮開館式の挙行

工事がおおむね終了したのを受けて天保十二年八月一日、ようやく開館式挙行の段取りとなった。しかし前述のように工事が完了したというわけではなく、また学則を定めていないなど、制度上にも不備が少なくなかった。とくに鹿島神宮（常陸国一の宮）から建御雷神《たけみかずちのかみ》（武甕槌神）の分祀《ぶんし》の儀式が行われず、孔子廟に孔子神位の安置も済んでいなかったので、この度の開館を仮開館と称しているのであるが、ともかく開館して、文武の修行を励まし、不備を整えたうえで遠からず正式の開館を行うことにしたのである。

開館を前にした七月十五日、藩庁は、

忠孝の大節、文武の大道を疎略に心得ている者もあるので、このたび弘道館を造営して藩士ならびに子弟らに日割を定めて登館させ、寄宿も仰付けられることになった。一同忠孝文武を余念なく励むように

という布達を出すとともに、後述するような文武修業の学生（弘道館の学生のことを諸生《しょせい》と呼ぶ。『史記』など中国の古典に、在学の士を「諸生《しょせい》」と記しているのにならったものであろう）の守るべき課業日課を命じ、また武術の師範それぞれには前記のように学館内の教場を分ち与えた。

八月一日の仮開館式当日はあいにく雨天であったが、藩士はもとより、斉昭の特別のはからいで藩内各地から郷士・神官・修験らも参加して盛大な式典が挙行され、出席者は三〇〇〇人にも達したと

いう。

式典ではまず教授頭取青山拙斎が『日本書紀』神代巻を、同会沢正志斎が『孝経』首章をそれぞれ講じ、ついで槍術の師岡猪之允ら六人による武術師範の模範演技が披露された。

教職の名称・定員・職掌

『日本教育史資料』一、巻二に収められている「旧水戸弘道館」の項により、はじめに文館教職の名称・定員・職掌を示せば次のとおりである。

なお、江戸の小石川藩邸（上屋敷。本邸）内には、それまで武道場しかなかったが、天保十四年一月から学問所を設け、文武兼修の場とした。これを江戸弘道館という。左に「藩邸」とあるのは江戸弘道館の意味である。江戸弘道館については後述する。

○学校総司一人　国家老または番頭《ばんがしら》を兼務。若年寄が兼ねることもできるが常置の職ではない。

○学校奉行一人　側用人を兼務。役料二〇〇石。学館の行政を総管する。才文武を兼ねる者をもって任ずるが、適任者がなければ置かない。

○総教二人 教授頭取と称する　小姓頭を兼務。役料二〇〇石。学館の一切の事務を総理する。

○准総教一人 教授頭取代と称する　小姓頭取を兼務。役料一〇〇石。江戸の藩邸の学務を管轄する。

○教授一人　小姓頭取を兼務。役料一〇〇石。総教に次ぎ、学生を監督し、居学生の輪講および詩文の指導に当たる。

○助教三人 一人は藩邸に置く　小納戸役・次番組などを兼務。役料五石。経書を講じ、諸公子の侍読を担当する。教授とともに居学生の輪講および試文の指導に当たる。訓導を助け講習生の輪講を監督し、訓導と交代で質問所において諸生の質問に応答する。

○訓導一〇余人 うち三人は江戸藩邸に置く。一名は歌学局のことを掌る 平士以上がこれを兼ねる。役料三石。講習生を指導し、その輪講・会読を監督する。交代で宿直し、寄宿生の指導にも当たる。そのほか助教に同じ。

歌学局担当は国学を講授。

○准訓導 定員なし臨時にこれを置く

○管庫八人 二人は江戸藩邸に置く 弘道館および彰考館の文庫に置く。書籍を出納し、祭式に用いる諸品を調達する。江戸藩邸勤務の二名は総教および彰考館総裁の雑事にかかる文案の作成にも当たる。

以上が文館の教職の主な者であるが、このほか舎長九人（うち三人は江戸勤務。平士以上の子弟のなかから学業優秀、操行方正の者を選任）が寮中の事務を担当し、輪講・会読の席を監督し、交代で宿直して寄宿生の補導に当たった。

そのほか、各分局にも歌道教師・同手副《てぞえ》、天文教師、数学教師・同手副、地図局長、音楽管頭（四人）、音楽役（一五人）、諸礼教師が置かれ、後述する医学館には医学教授（三人）・同助教（手副、四人）、舎長、本草局長、画工　蘭学教師、監製薬医（二人）、製薬吏（四人）、頒製薬吏などが置かれた。

一方、武館では、

○武術教師 各流派一人ずつ 平士以上の者でおのおのその技量に長じ、性行端正の者を選任する。

○武術手副　舎長に准じ補任。各流派二人以上を置く。　学生の数が多い場合は六、七人

武術教師は特別の役料を給せず、ただ常勤を免除する。

勤勉怠りなく諸生を指導し、功績ある者はとくに職を進め俸禄を増すこととする。

教育課程

前述したように、仮開館に先立つ天保十二年七月十五日の布達による課業例規によって、藩士とその子弟のうち、一五歳から四〇歳までの者はすべて所定の日割（後述）に基づき、文武の修業に励むことが義務づけられた。

仮開館当初、一五歳以下の者でも素読を希望する者は館内の句読寮でこれを行うことを許していたが、まもなく十一月からは一五歳以下の者の教育はすべて城下の私塾に委ねることにした。この教育を担当する私塾のことを家塾という。当時、藩士子弟の多くは八、九歳からすでに私塾に

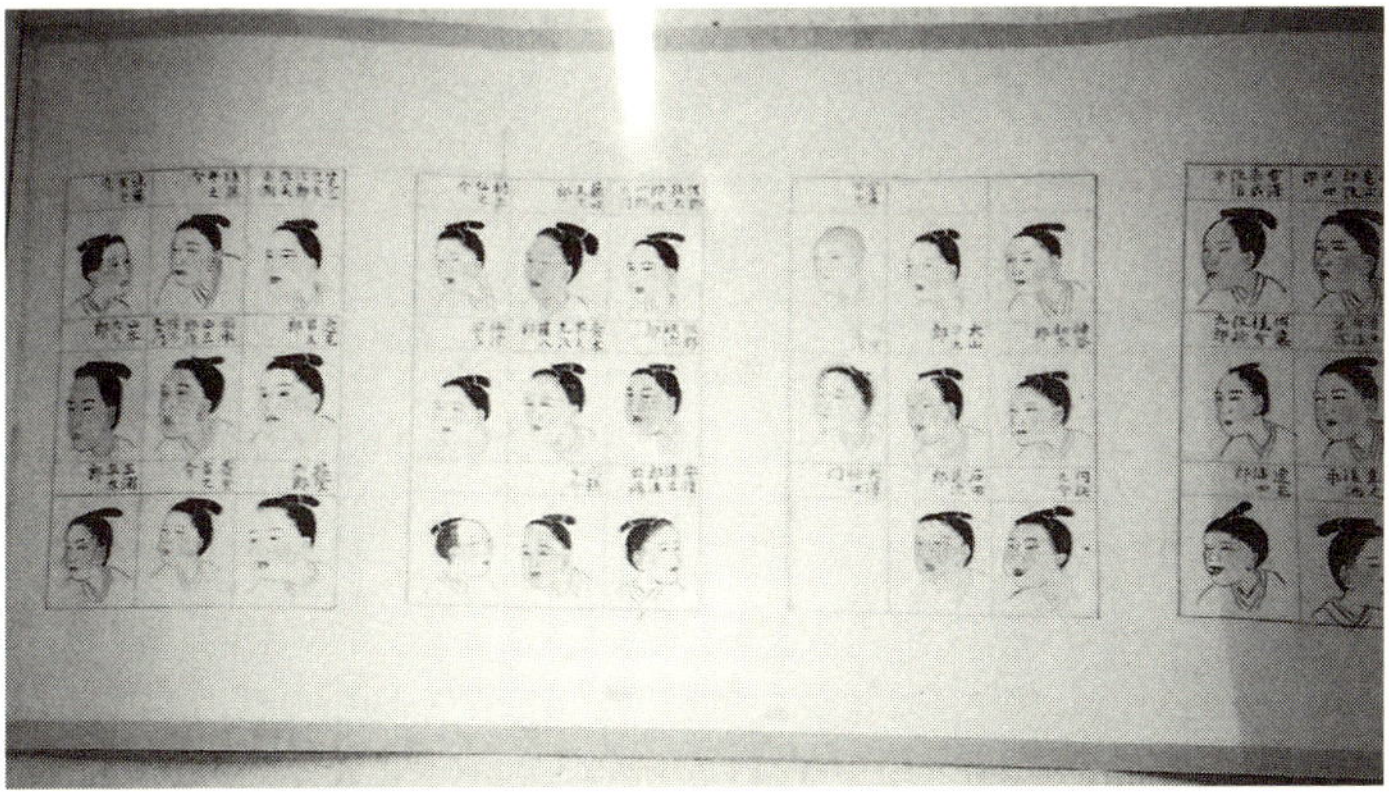

14. 青山拙斎塾の門人たち（『青門肖像』一部分—、弘道館内展示。模写）

入って修業していたから実態として変化したわけではないものの、これ以後家塾は弘道館の初等教育ないし基礎教育の機関として位置づけられることになる。家塾教師には藩士子弟の入塾者の数に応じて一定の扶持が支給されたようである。

入学の許可は、入学式のような儀式を行わず、家老以下の係官が出席する三・八もしくは五・十の日をもって随時行うこととし、家塾教師から名簿による申請があると、目付は入学希望者の登館すべき日時をその都度指定し、その日時に教師は塾生を引率して登館する。武館が無試験なのに対し、文館では『論語』『孝経』などから出題される講読の試験を行い、合格すればまず講習生として入学させる。一五歳になっても素読の業を了えていない者については、教師から毎月の出欠、勤惰の状況を目付へ報告し、二五歳になってなお向上の認められない場合は軍書寮（講習別局ともいう）へ入れ、ここで仮名の書を読ませる。安政四（一八五七）年五月の本開館後はこの規定が変更され、二〇歳になってなお素読を終えない者は、別局に入れ、やはり軍書や史書など仮名の書を読ませることにした。

文館へ入った講習生はまず、何組かに分れて会読を課せられる。この段階の諸生を会読生と称する。会読とは、はじめに訓導が儒学の経書（四書・五経）を講じ、そのあと諸生が組ごとに経書を講読することをいう。会読生が一定の学力に達すると輪講生に進む。輪講生になるとまず『論語』、つぎに『孟子』や『春秋左氏伝』などを組ごとに編成された諸生がそれぞれ助教・訓導の指導を受けながら輪番で順次講釈し、これをつぎつぎに継続していく。

輪講生のうち、試験により学力優秀と認められた者は居学生に進む。居学生になると、一間半に一間（三畳敷）に押入れのついた個室が与えられた。

居学生は、教授頭取の講義を受ける資格をもつとともに、教授頭取・教授の指導のもとで輪講を行う。このほか毎月二回の試問（漢文、和文一回ずつで事前に課題を出して二、三日中に答案を提出させる）と一回の詩歌を課せられる。ただし、試問は講習生であっても希望すれば受けることができた。

学業の日課は、仮開館のとき、身分別に毎月の最低の出席日数が決められ、身分の高い者ほど登館すべき日数が多かった。すなわち、布衣《ほい》（御目見以上の身分の者）ならびに三〇〇石以上の当主・嫡子は一五日間、同次男以下の弟および物頭《ものがしら》（弓組・鉄砲組などの足軽の頭）ならびに一五〇石以上の当主・嫡子は一二日間、物頭ならびに一五〇石以上の次男以下の弟および平士の当主・嫡子は一〇日間、平士次男以下の弟は八日間、と定められた。この方針は、本開館以後も継承される。ただし、この日割には年令による免除措置があり、三〇歳以上および職事ある者は半減、四〇歳以上は全免された。

始業の式は毎年一月十六日に行い、本開館以降は毎日の修業時間を朝文夕武《ちょうぶんせきぶ》といって午前中（辰上刻〈午前七時頃〉から正午）は文館へ、午後（申上刻〈午後三時頃〉まで）は武館へ通う定めとし（夏季土用中は巳刻〈午前一〇時頃〉から正午までとし、文武を並行して進める）、午前午後を通して一日の課業とし、遅刻者は半課とみなされた。

なお、諸生は登館すると名刺を目付へ提出することになっており、舎長は出欠を帳簿へ記入し、毎年目付から勤惰の状況を藩庁に報告して、賞罰の参考に供することになっていた。

諸生は、輪講や会読によって相互に研鑽《けんさん》する機会を与えられていたが、学館教育の主眼はやはり教職の講義である。教職の講義は、学校御殿の床の間に「弘道館記」の書幅を掲げ、学校総司・学校奉行その他役々列席のうえ行われるのであるが、これには聴講者の身分によって以下のような日割が定められ、仮開館した天保十二年八月二日付で布達された。

〔日〕	〔時刻〕	〔講番〕	〔聴　衆〕
三日	未刻（午後二時頃）より申刻（午後四時頃）まで	教授頭取	布衣、物頭、布衣の嫡子次男、物頭の嫡子、役方、平士まで
		〃	
八日	巳刻（午前一〇時頃）より午刻まで	〃	平士の当主
十三日	〃	〃	布衣の三男以下、物頭の次男以下、平士悴
十八日	未刻より申刻まで	教授	布衣、物頭、布衣の嫡子次男、物頭の嫡子、役方、平士まで
二十三日	巳刻より午刻	〃	平士の当主

	まで		
二十八日	〃	教授	布衣の三男以下、物頭の次男以下、平士忰
六日	〃	教授頭取	居学生
十一日	〃	教授	居学生
十六日	〃	助教・訓導 順番申合せ	講習生
二十一日	未刻より申刻まで	〃	布衣、物頭、布衣の嫡子次男、物頭の嫡子、役方、平士まで
二十六日	巳刻より午刻まで	〃	平士の当主
晦日	〃	〃	居学生

これを毎月の日ごとの課業としてみれば、次のようになる。（括弧内は聴講者）

二日	居学生輪講
三日	正庁で総教講経（布衣、物頭、布衣嫡子・次男、物頭嫡子および平士以上諸有司）、 公子会読〈総教伴読〉。講習生会読
四日	講習生『論語』『孟子』輪講
五日	講習生会読 家塾生考試
六日	総教講経（居学生）

七日	居学生輪講
八日	総教講経（平士当主）
九日	講習生『春秋左氏伝』輪講
十日	講習生会読
	試詩歌
十一日	教授講経（居学生）
十二日	居学生輪講
十三日	総教講経（布衣三男、物頭次男以下平士子弟）
	公子会読〈教授伴読〉
十四日	講習生『輪語』『孟子』輪講
十六日	助教講経（講習生）
十七日	居学生輪講
十八日	総教講経（平士以上諸有司）
	講習生会読
十九日	講習生『春秋左氏伝』輪講
二十日	講習生会読
二十一日	助教講経（三日に同じ）
	講習生会読
二十二日	居学生輪講
二十三日	総教講経（八日に同じ）

二十四日	公子会読〈助教または訓導伴読〉
	講習生『論語』『孟子』輪講
二十五日	講習生会読
	試文
二十六日	訓導講経（二十三日に同じ）
二十七日	居学生輪講
二十八日	総教講経（十三日に同じ）
二十九日	講習生『春秋左氏伝』輪講
三十日	訓導講経（居学生）

なお、毎年の休館日は次のとおりである。

毎月朔日、十五日

三月三日、五月五日、七月七日、九月九日の各節句

春分、夏至、秋分、冬至

藩主忌日

二月十五日の祈年祭

十一月中旬の卯日　新嘗祭

春秋釈奠《せきてん》

正月二十八日と十月二十八日の閲馬

三月土神祭（八日、九日のうち）
三月二十一日　追鳥狩（前二日、後一日）
四月十七日　東照宮祭（前二日、後一日）
九月十五日　吉田祭
十二月二十六日から正月十五日まで

医学館の開設

天保十四年の六月、弘道館の構内、南側の中央部に医学館が開設された。水戸藩内にははやく文化年間（一八〇四―一七）、郷医の研修機関として延方《のぶかた》学校（潮来町）や稽医館（小川町）が建てられ、斉昭の時代になってからは敬業館（ひたちなか市）・益習館（常陸太田市）・暇修館（日立市）などの郷校が郷医の研修の場ともなっていた。

しかし斉昭は、水戸藩の医学教育、医療機関のセンターとして医学館を設けることにしたのである。同年八月には斉昭が自撰自書した「賛天堂記」がその講堂に掲げられたという。「賛天堂記」は、斉昭が医学館開設の主旨を記したもので、そこには、外国に頼らず国内で良薬を製することの重要性を説くとともに、この医学館からわが国のあるべき医学・医療体制を発信したいとする大きな抱負が示されている。「賛天」とは、四書の一つ『中庸』に、「能く物の性を尽くせば、則ち以て天下の化育を賛《たす》くべし」という文章の中の二字を採って斉昭が名付けたもので、これはよく物の性を全うすれば、天地の生育する働きを助けることになる、という意味である。

教育活動は、教授森庸軒・荘司健斎、助教松延道円・本間益謙・土田萩庵、本草局長佐藤中陵とい

15.「賛天堂記」の拓本写真（著者蔵）

16. 佐藤中陵肖像（弘道館内掲示）

うスタッフではじまり、日常の会読・輪講のほか、毎月三日に小会、毎年三月一日と九月一日に大会を開いた。小会には町医と城下近郷の郷医を出頭させて医書の講釈を主とする研修を行い、大会には三月一日に町医と東・南両郡の郷医、九月一日に町医と西・北両郡の郷医の登館を義務づけ、それぞれ試験（見分）を受けさせることになっていた。また、医者の子弟で一五歳になった者は医学館に月一〇日出頭させる規定もあった。（『水戸市史』中巻㈢、第十五章第五節）

医学館の活動のなかでもっとも注目されるのは種痘の実施である。水戸地方で種痘がはじまったのは、天保十三年の冬に痘瘡が大流行したときからであるが、それを行ったのは前記本間益謙とその養子玄調（棗軒《そうけん》）である。弘化四（一八四七）年、痘瘡がふたたび大流行すると、医学館では毎月一日と十五日を種痘の日と定めて希望者にこれを実施するとともに、その日に出頭できない者のために毎月五、十、二十、二十五日を指定し、寺町の益謙宅か泉町の玄調宅かどちらで受けてもよいことにした。城下から遠い地域では郷医が医学館から種を受け取って逐次実施することとし、そのための旅費や薬代などは藩の負担するところであった。嘉永三（一八五〇）年からは玄調の手で牛痘種痘がはじまり、以後医学館の医者が村々を巡り、各郷校などでこれを行ない、その費用も藩で出したもののようである。

安政六（一八五九）年、城下にもコレラによる死者が続出すると、医学館ではその予防のための刷り物を頒布している。

製薬も重要な任務で、監製薬医らの手で神仙丸・紫雪・紫金錠などを製し、貧者には無料で提供す

17. 医学館跡地に建つ本間玄調像（三の丸一丁目）

ることになっていた。（『水戸市史』中巻㈢、第十八章第三節）

医学館敷地の北側一角には「牛部屋」があった。牛乳をしぼり牛酪（バター）を製し、必要な者にはこれを施し、教職の老年者などへは特別に給与されたという。乳牛は箕川《みがわ》村丹下（市内見川町）の桜野牧から運ばれ、「牛部屋」で飼育されていた。（名越漠然、前掲書）

なお、藩庁は、安政二（一八五五）年から、豊田小太郎（香窓）ら八人の藩士を選抜し、医学館の一室で蘭学を学ばせることをはじめたが、後述するような深刻な政情不安もあって期待した成果をあげることはできなかった。

江戸の弘道館

天保十四年一月、江戸小石川の藩邸内の「崖下」と呼ばれていた場所（後楽園の北東）に学問所が設けられた。藩邸にはこれまで武芸の稽古場はあったものの、学問所はなかったのでこれを設け、江戸勤務の藩士とその子弟のための文武兼修の施設としたのである。これを江戸弘道館と称する。

水戸藩校弘道館といえば水戸に限って考えがちであるが、水戸藩は定府制であるから文武一致を唱える「弘道館記」の精神を実践するためには、江戸にも学問所を開設する必要があったのである。

18. 江戸弘道館があったと考えられる「崖下」の現在（地下鉄後楽園駅下）

江戸弘道館の建設は、天保十二年十一月九日付で教授頭取に宛てた若年寄の通達から具体化した。「崖下御稽古場」にこのたび学問所を建てることになったので、水戸の振りあいに準じて早々に申出るように、というのがその通達の主旨である。

これを受けて教授杉山忠亮（復堂）は、同月二十三日付で「小《しょう》黌《こう》之儀」（黌は学舎の意味）と題する一文を提出し、次のように述べた。

国許に学館を造営したからには、江戸にも学問所がなくては叶わぬ道理であるが、小石川藩邸に居住の藩士は水戸にくらべると人数が少なく、しかも繁務、布衣以上物頭らの嫡子はみな世子《せいし》のお相手などを勤めていて日勤同様であり、そのほかの者も年頃になれば、御番の使いや役所の雇いなどで仕事のない者は稀である。だから国許のように厳重な日割を定めることは実情に合わない。したがって、諸規定も江戸の実情に応じて斟酌すべきだと思う。藩士には無用の雑役などはさせず、文武兼修に心を用いるよう仕向けなければ、繁務を口実にしてその実効はあがらないだろう。

杉山は右の「小釁之儀」とともに、「学問所」の構想を、学問所、定、課程、受業、講釈、会読、試業、教職に分けて示している。その要点を記すと次のようである。

○学問所

一、講堂　二〇畳敷　一と間

　上段に建御雷神と孔子を祭り、傍らに「弘道館記」を掲げる。

一、講習局　八畳敷　三間

　自読の人日々会集すべし。

一、句読寮（習字局を兼ねる）一五畳敷　三間

　八、九歳以上の者日々会集すべし。

一、詰所　教授、助教、訓導、句読師、習字師、管庫、監察それぞれ詰所を宛てるべし。

○定

一、教授・助教は本務、侍読などのほかはなるべく登館して諸生を監督すべきこと。
一、訓導・舎長は毎日順番で登館し、諸生を指導し、習読させるべきこと。
一、句読師は早朝より登館すべきこと。
　座席は布衣以上物頭卒士同等の場合は長幼の序に従うべきこと。
　ただし、教職は貴賤にかかわらず上席たるべきこと。
一、雑談紛争は堅く停止のこと。議論は互に虚心平静にして勝を争わず、益を求める心が肝要である。
一、出精者は月々指出すこと。精不精はきっと御沙汰あるべきこと。

○課程

一、朝句読　卯刻（午前六時頃）から会集。早く出た者から順々に教えるべきこと。一緒に出席の者は長幼の順に教えるべきこと。
一、素読のとき、当番の訓導・舎長の前に出て習読の検査を受け、その後舎長から帰宅を順々に許可すべきこと。

一、習字　辰半刻（午前八時頃）から午半刻（正午頃）まで。
一、習字長の役が取締りを司る。
一、一〇人に一人ずつ世話役を立てる。
一、和様・唐様の別は好みに任せて手本を授ける。
一、古法帖を学びたいものも勝手次第。
一、五日目か七日目くらいに日限を立てて清書させる。
一、九つ半時（午後一時頃）に習字長より退出を許す。一〇人の世話役の指図で出席先後の順に退出させる。
　ただし、不行儀などの者はこれにかかわらず、習字長・世話役の了簡次第。
一、諸礼、音楽、謡など
　一二、三歳以上の子供について習字・読書にて欝する気分の転換をはかる。
　ただし、謡は夜中など宅々にてもしかるべきか。
一、武芸
　弓・馬・槍・刀
　このほか雑芸は好次第。
一、美術
　夜中など折にふれ宅にて習わすべし。また日の長い時は心掛次第。学問所にても学ぶべし。

○受業

一、孝経、四書、五経
　自読　句読終了の者独読のこと。

一、十八史略、左伝、国語、史記、漢書、資治通鑑

○講釈

一、一月に六回　二・七の日の昼などが適当か。
　教授・助教　一月に二度ずつ
　　ただし訓導一人を組入れること。
　同日講釈終了後、諸礼などの稽古のこと。

○会読　四・九の日か。素読終了者が出席。

一、一月に六回　訓導はじめに経書を講じ、終了後会読。

○試業

一、隔月に一度　十五日などしかるべきか。素読講釈、隔月に吟味（試験）のこと。詩文などの試業も追々考えるべきこと。

○教職　このたび任命された分

一、教授一人　世子の傅《ふ》（補導役）兼務

一、助教一人　彰考館勤務を兼ねる

一、訓導四人　久米彦介（彰考館兼務）
西野新治（定御供兼務）
久保田林太郎（右筆《ゆうひつ》兼務）
浜野熊五郎（同右）

一、御文庫役一人　柴田銓之助

一、句読師三人　山形鼎三（留付列）
大金平六（同右）
川部平次郎（同右）

一、習字四人　岡野庄五郎（小姓頭取兼務）
大関元次郎（右筆頭取兼務）
鈴木定五郎（奥方御番兼務）
杉山熊蔵（右筆頭取兼務）

一、舎長　部屋住みで好学の者をえらぶべきこと。
浅利六之進

安食喜八郎
鱸《すずき》 半兵衛
鈴木忠四郎
加治吉次郎

藩庁は、いよいよ開館のはこびとなった天保十四年一月二十三日付で次のような二通の通達を出した。

諸向へ

このたび学問所が開設されたので、これまで師範宅で学んでいた者は以後学問所へ出て修業するように。

一、一五歳以上三〇歳までは講習局で修業し、それから武芸場へ廻ること。
　ただし、二五歳以上で漢文の書物が不得手の者は別局で仮名字の書を読むこと。もっとも武芸格別熱心で、武芸のみ出精の者は勝手次第。

一、三〇歳以上四〇歳までの者、あるいはそれ以上の年齢の者はすべて日割の半減登館のこと。日勤の者で御用繁多ゆえ登館できない者はその旨目付方へ申出るように。

一、学問所において毎月二・七の日は講釈があるので御用指合の者のほかは出席聴聞するように。
　ただし、二の日は役方、七の日は表方とする。

一、隔月に一度ずつ素読講釈の吟味があるのでその旨心得るように。

一、　　諸向へ

藩士の文武修業のために、国許で学館を建てたわけであるが、ここ江戸ではおのおの勤務繁多で国許同様には行届きかねるけれども、藩士の子弟で役付のない者が文武に励むことは申すまでもない。このたび学問所ならびに武芸場が開設されたのを機に、世子《せいし》鶴千代様（のち一〇代藩主となる慶篤《よしあつ》）が度々お出になり、講釈などを聴聞になられるばかりか、いつと定めなく講読や武芸を仰付けられることもあるので、各自怠りなく修業に励むように。

右の二つの通達は、水戸の学館の規定に準拠しながら、杉山の提案をも十分考慮に入れた内容となっているように思われる。前述のように杉山は江戸弘道館の初代教授に任ぜられているのであるから、細部の手直しはあったとしても大筋において杉山案に基づいて教育活動が開始されたとみてよいであろう。

なお、安政二（一八五五）年十月の大地震以後の彰考館（江館）はこの弘道館本館のなかに置かれることになったようである。

四、文武兼修の実情

仮開館から五か月たった天保十三年一月、教授頭取が藩庁に提出した文書には、武館は一稽古場の人数一〇〇人前後のところから二〇〇人ちかいところまでとまちまちであるが、ともかく世話人五、六人あるいは七、八人で出精状況の調査はできる。しかし文館では居学・講習・軍書（講習別局）の諸生は一〇〇〇余人にも及ぶので、出欠調べ一組二人くらいではなかなか行届かないのが実情だとみえる。これによれば、登館者は文館がおよそ一〇〇〇余人、武館が一稽古場あたり一〇〇人前後から二〇〇人以内ということがわかる。

文武出精の状況

ところで、開館まもない十二年十月における三五九人の文武出精状況を記録した「文武出精書」という史料がある。ただしこれは五冊揃いのうちの一冊で、他の四冊は今伝存しないから、登館者の総数はわからない。かりに一冊三五〇人ほどが記されていたと仮定すると一七〇〇人ほどという計算になるが、前述のように一〇〇〇余人というほうが実情に近いのであろう。

ともあれ、前記三五九人のうち、江戸登りや日割免除の者などを除く三〇九人について登館すべき日数に達している者とそうでない者との割合を調べると、前者約八三パーセント、後者約一七パーセント（病気で登館できなかった者を除くと一二パーセント）になる。その中には、原市之進（任蔵、諱は忠成。講習生、一〇日詰。のち徳川慶喜のブレーンとして活躍し、慶応三（一八六七）年に京都で暗殺される。号は伍軒・尚不愧斎）のように文館一三日半、武館一三日と四分の一、計二六日と四分の三と、規定日数を大幅に上廻って文武兼修の模範とすべき諸生のいる一方、宮寺辰之介（講習生、一〇日詰）のように文館に一七日と四分の三出頭しながら、武館へは一日も足を運ばず、逆に鵜殿徳蔵（講習生、一〇日詰）のように武館へは一六日出ながら文館へは一日も出ない者もあり、まったく文武兼修の実をあげていない者がいる。居学、講習、軍書（別局）のうちでは、軍書生の出精状況が概して芳しくなかった。

要するに、「文武出精書」についてみるかぎり、文武を偏りなく修めさせようとする建学の精神は、開館当初から必ずしも遵守されず、偏文あるいは偏武の目立つ者もいたのである。

十二年十二月には、藩庁から、
弘道館は文武兼修の御主意により建てられたものであるから、文学修業の者も武芸の心得の必要なことは承知のことと思う。武芸専門の者についても、文館へ一切出ないというのでは右の御主意に背くので、文館・武館ともに出頭するように

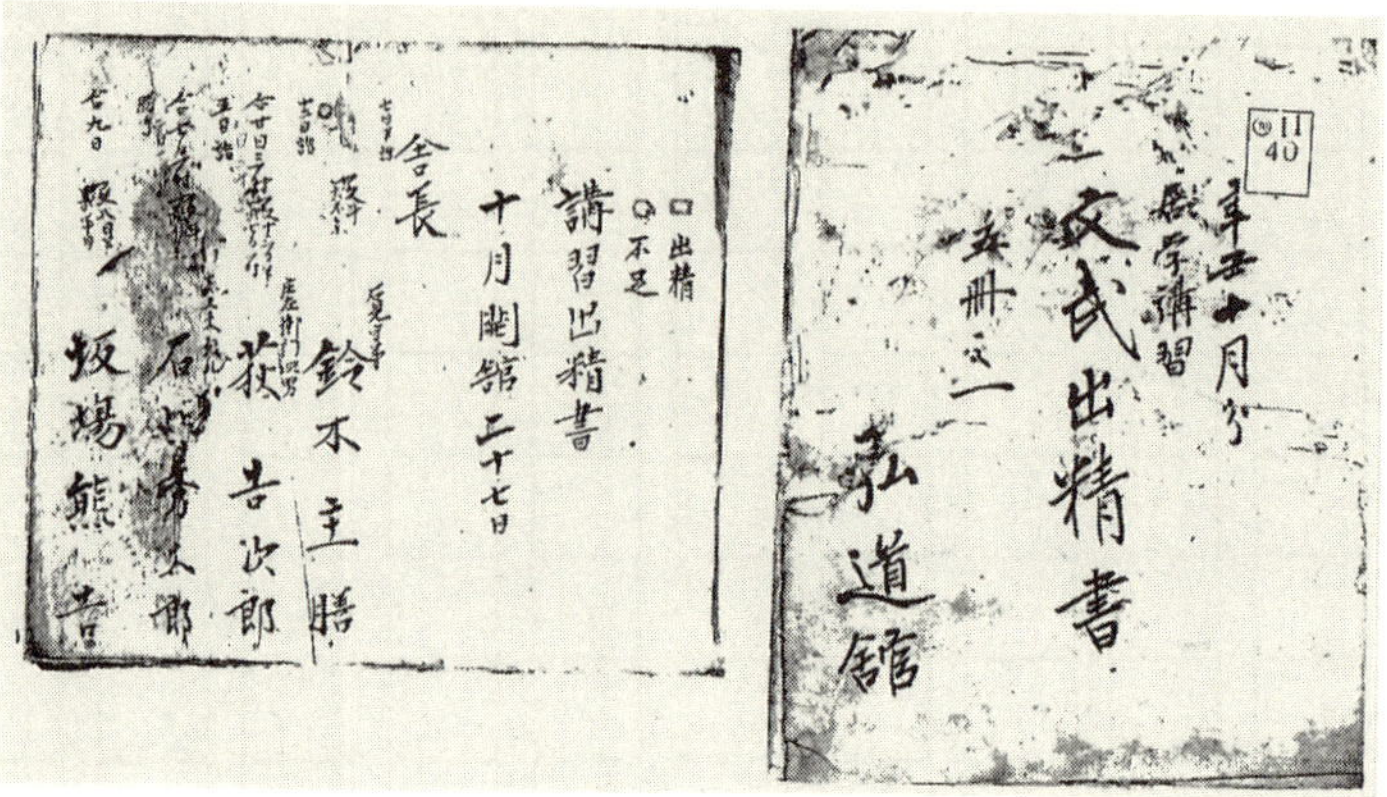

文武出精書
弘道館

講習出精書
十月 閣館 二十七日
舎長
鈴木主膳
荻 吾次郎
坂場熊吉

19.「文武出精書」(茨城県立歴史館蔵)

20. 原 市之進(『徳川慶喜公伝』四巻より)

という通達が出されている。開館四か月にしてこのような通達を出さなければならなかったところにも、藩庁が期待していたほどには文武兼修の理念が諸生方へ浸透していなかった実情をみることができる。

とはいえ、八〇パーセントを越える諸生がともかく規定の日数を越えており、右の「文武出精書」にみるかぎりでは、学館の教育はまずまずの滑り出しだったといえよう。

家塾の盛況

基礎教育を担う家塾も盛況で、一塾にこだわらず、入門登録の塾以外にも出向いている者が多かった。家塾の盛況にともなって師範代の人員確保が必要となり、十四年一月からは居学生でも家塾の手伝いをする者は姓名を申告させ、一日で学館の日割の半日分とみなして規定の日数に繰り入れることにした。

塾生の中には、一五歳未満でも素読を終えたことを理由に、講習寮に入りたいと希望する者が増え、藩庁は当初これを黙認してきた。しかし講習寮には年少者が多くなりすぎ、行儀をわきまえない者も現れて、学習効果さえ低下してきたため、十四年三月、教授頭取は藩庁へ伺書を提出し、一五歳以下の者は抜群の者を除き、家塾で教育させるという先に述べた原則を守りたいと申出、藩庁もこれを認めることになった。

はじめての文武試験

十三年七月から九月にかけての二か月間、大試（大見分《だいけんぶん》）のいわば予備選考をかねてはじめての文武の試験（見分）が実施された。この試験には、舎長、居学生、講習生から一七五人、武芸各流派から延べ一七七〇人が参加し、日頃の研鑽

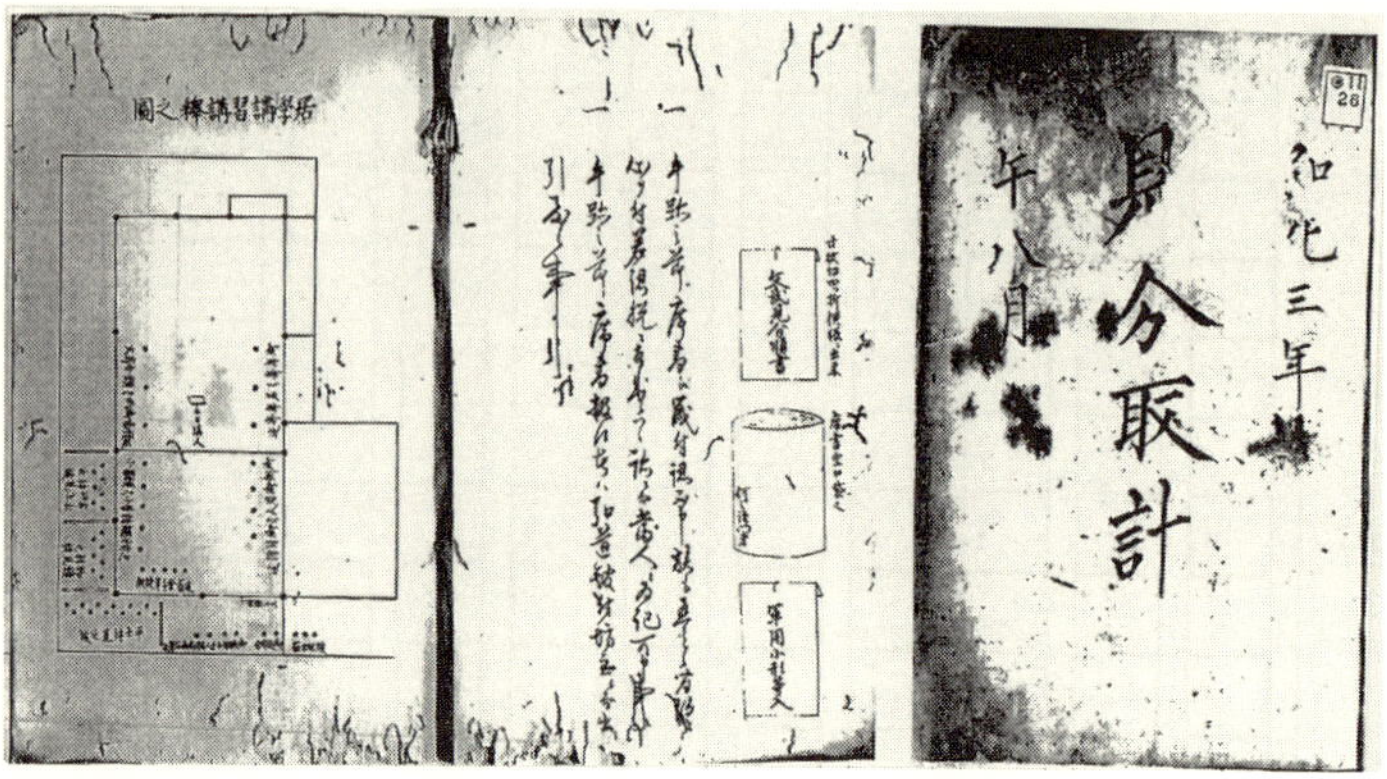

21．弘化3年「見分取計」（茨城県立歴史館蔵）

の成果を披露した。その結果をもとに、十月十二日から二十四日にかけては藩主斉昭臨席のもとで連日大試が行われた。

大試は、十二日の舎長、居学生の講釈（四〇人）を皮切りに、十三日に居学生（二七人）、奇童（三人）の講釈、十四日から武芸に移って射術（七〇人）、兵学・軍用・諸礼（二四人）、十五日に馬術、十六日に騎砲、十七日に槍術（六五人）、十八日に同じく槍術、十九日に剣術（五五人）、二十一日に剣術と抜刀（五七人）、二十二日に居合（四五人）、二十三日に居合、剣術、長剣、和術、二十四日に砲術（九〇人）、という日程で滞りなく終了、翌十一月十二日に成績優秀者として三〇人が賞賜を受けた。その中にはやがて反天狗派の領袖《りょうしゅう》として活動する朝比奈弥太郎（泰尚）、市川三左衛門（弘美）、安政の大獄で刑死する茅《ちの》根《ね》伊予之介（寒緑）、のち尊攘激派の中堅となる住谷寅之介、明治維新後文科大学教授となる内藤弥太夫（耻叟《ちそう》）、先にも述べた原市之進らが含まれていた。

訓導・舎長の教育活動

仮開館して以来、弘道館の教育が家塾を含め一応の成果をおさめることができたとみれば、それには、

㈠　藩の文教政策の一環として継続的に実施されてきた史館講釈、舜水祠堂講釈の伝統

㈡　開館以前から自発的な士民の文武教育機関としてあった私塾の存在と士民の全般的な教育水準の向上

㈢　藩主斉昭の改革政治、士風刷新にかける強い決意

㈣　青山拙斎・会沢正志斎両教授頭取の豊かな学識と改革政治を支えようとする情熱

といった理由が考えられる。

しかし、諸生の学習意欲を喚起するために訓導・舎長の、地味で根気強い教育活動の果した役割にも注目しなければならない。

仮開館の八月から十月にかけて鈴木主膳ら七人の舎長が任ぜられているが、この舎長は訓導青山延《のぶ》寿《とし》(延光弟、鉄鎗斎《てつそうさい》)ら三人とともに都合一〇人で二人ずつ組をつくり、一人は早出、一人は遅出と順番に登館し、日の出に出勤する早出の者は素読の復習を聴聞し、あるいは句読を授け、午後からは講習生の質問に答える。遅出の者も四つ時(午前一〇時頃)前には講習寮へ出勤して諸生の質疑に答え、そのあいだには居学・講習二寮の出欠を記録する。

このように講習生の学習相手と煩雑な出欠調査は、訓導とそれを助ける舎長の手で行われることが

多かった。前に述べたように、一〇〇〇余人に及ぶ文館登館者の出欠状況を一〇人でさばくとすれば、諸生の身分によって登館日数に相違があるだけでなく、家塾の出欠状況を勘案しなければならない者もあって、かなり面倒な作業だったのである。

もともとこの出欠調査は舎長にとって本務外の仕事であったから、それに多くの時間を割かれる事態となれば、自身の文武修行にも支障をきたすことになる。とはいえ訓導だけで処理はむずかしい。そこで教授頭取は、藩庁に、「舎長には特別勤務にふさわしい手当を支給してほしい」と申出、藩庁もこれを認め、十三年七月十六日付で、同年春、江戸詰となった一人を除く六人に白銀二枚が授与された。その一人は江戸の藩庁から支給されることになっていたから、おそらく白銀二枚かそれに相当する賞賜があったであろう。

訓導を助けて舎長が講習生の教育に尽力していただけでなく、実は居学生までがこれに一役買っていたのである。教授頭取は、素読・句読の手伝いをした居学生に対しても、その労を多としてやはり同年七月、褒賞すべきことを藩庁に求めている。藩庁は、一〇日以上勤務した者四一人についてこれを認め、勤務状況に応じて袴、肩衣《かたぎぬ》、延紙《のべがみ》を与えた。仮開館から十三年七月までに居学生に昇進した者は総数六八人であったから、前記四一人はその約六〇パーセントに当たる。すなわち居学生の六割が講習生の素読・句読教授の手伝いをして褒賞を受けたわけである。

斉昭の致仕前後

斉昭は、十三年五月、側用人藤田東湖、奥右筆《おくゆうひつ》内藤政敏、高橋多一郎（愛諸《よしゆき》）に弘道館制度掛を兼ねさせて諸規定を詮議《せんぎ》させ、七月、城西常磐《ときわ》の地に偕楽園を開

22.「偕楽園記」の碑（偕楽園内）

き、翌十四年一月にはすでに述べたように小石川藩邸内に学問所を設けるなどひきつづき文武兼修体制の整備に努めた。

このうち、梅林の公園として名高い偕楽園は、藩士が文武の修業の余暇を楽しみ休養する場であって、弘道館のいわば附属庭園としての性格をもち、あわせて庶民の憩いの施設として造られたものである。斉昭は、自撰自書した「偕楽園記」の中で、「梅樹数千株を植え、もって魁春の地を表わす」とし、「偕楽」の由来については、「士民はよく修徳に努め、業務に励んでほしいが、その余暇にはここに来て思い思いに楽しんだらよい。衆と楽しみを偕《とも》にするという意味で命名した」と述べている。

このころ諸生の学習意欲は概して旺盛で、書籍の宅借を希望する者が増加したので、従来居学生と彰考館の出入りを許可された者に限られていた宅借を、講習生にも拡大することとした。

23. 戸田忠敞肖像（弘道館内掲示）

折から就藩中の斉昭は、弘化元（一八四四）年四月十八日、老中奉書《ろうじゆうほうしよ》をもって突如江戸帰還を命ぜられた。そして、その到着を待って五月六日、幕府から致仕謹慎を申渡され、駒込の藩邸（中屋敷）に幽居の身となった（この事件を改革派は甲辰の国難とよぶ）。

斉昭がこの処罰を受けたのは、改革政治のうち、社寺整理の行きすぎなど七か条の嫌疑を被ったからであり、この中にはなぜ弘道館の土手を高くしたのか、なぜ弘道館に剣客浪士を召し抱えたのか、という二か条が含まれていた。実は前年、将軍家慶《いえよし》からこれまで藩政改革に尽力したことを賞され、直々に褒美を与えられていたほどであるから、斉昭としては幕府からこのような疑惑をかけられるとは夢想だにしなかったであろう。かわって長男慶篤が一〇代藩主に就任した。

斉昭の処罰にともなって、腹心の藤田東湖・戸田忠敞らは藩邸内に禁錮、五月から六月にかけ要職の更迭が行われて改革派は藩政の中枢から却けられ、新藩主のもと、反改革派が藩政の実権を握った。

こうして斉昭主導の改革政治（天保の改革）は頓挫のやむなきに至ったが、以後、改革派で処罰をまぬがれた会沢正志斎らをはじめ多数の士民は斉昭の辞職を不当として結集し、その動きは早くも元

24. 武田耕雲斎肖像（弘道館内掲示）

年六月、領内北部の農民を中心に表面化した。七月には「水戸城下百姓惣代」加藤又衛門（下町《しもまち》年寄）が歎願書を郡奉行に提出し（天保十四年三月から町奉行が廃止され、城下は郡奉行の管轄下に入っていた）、八月になると九人の村役人が村々代表として名を連ねた願書をやはり郡奉行に指出している。この八月、農民有志の中には江戸へ登り、尾張・紀伊両藩邸や水戸の支藩である高松（讃岐《さぬき》）・守山（磐城）・府中（常陸）の三藩に直接雪寃《せつえん》をはたらきかける者さえ現われ、士民の運動は激化の一途をたどった。十月になると郡奉行吉成又衛門（信貞）・大番頭《おおばんがしら》武田耕雲斎（正生《まさなり》）が無断で江戸へ出て奔走、このため水戸へ送られ禁錮される事件も起こった。

もとより斉昭は、こうした動きを座視していたわけではなく、八月と十月に諭書を発して過激な行動は慎しむように説得につとめたものの、はやる士民の心を鎮めることはできなかった。

吉成・武田の無断出府や農民有志による出府歎願という事件は、弘道館の教育にも大きな影響を与え、毎年十月に行われる大試も二〇日間ほど中断のやむなきに至った。依然として士民の間に不穏な空気の流れるなか、学館の内部にも次第に動揺の兆候がみえはじめる。斉昭はこの年十一月二十六日、謹慎解除になったもののなお藩政関与は許されなかったので、以後は改革派士民による斉昭の藩政復帰運動が展開する。

五、弘化・嘉永期の状況

改革派の凋落

諸生が実際に政治行動を起こす契機となったのは、弘化二年三月三日、教授頭取の会沢正志斎が隠居を申付けられた事件である。すなわち、諸生有志は、教授頭取青山延光のもとへ押しかけてその不当をならし、舎長は全員辞任を申出、文館へ出る者は皆無となった。十二日には、舎長の鮎沢伊太夫ら四、五人が教授飛田勝太郎宅へ出向き、教授の立場として抗議する態度を示すのは当然ではないか、と詰問した。

諸生のこうした行動は、教育者としての会沢の力量を確認させるものといえるし、改革政治の一つの大きな柱である弘道館教育が成果を収めてきた証左ともいえよう。しかし同時に、諸生が当時、広汎な士民の斉昭雪冤運動、その謹慎解除後は復権運動から大きな刺激を受けて、急速に政治意識を高揚させてきたことも見逃せない。この時期、藩士の子弟で、藩政上の話題を携えて用達《ようたつし》（執政）・若年寄（参政）らの要職に直接談判に及ぶ者がにわかに多くなっていた。かれらの政治意識は会沢個人

25. 青山延光（佩弦斎）肖像（弘道館内掲示）

の進退問題だけでなく、それが改革政治の根幹にもかかわるとの危機感にまで拡大していたのである。

五月七日、藩内各地から三〇〇〇人余ともいわれる改革派農民が、斉昭の復権を求めて水戸城下に出訴するという事件が起こった。このとき学館でもこれに呼応するかのように訓導石川伝蔵、石河幹二郎（幹脩、明善）、鈴木子之吉の三人と舎長一同はともにみずから免職を願い出て登館せず、このため青山延光と弟延寿（訓導）のみが出勤、その延光も藩庁の対応如何ではやはり登館を見合わせる意向を示した。

六月五日、延光は若年寄白井久胤（織部、改革派）宅へ出向き、諸生からの意見書を持参して斉昭の藩政関与を求めたが、期待したような返答がえられなかったのか、その日から不快と称して登館しなくなった。

弘道館が反改革派の手で運営されることを極度に嫌っていた斉昭は、六月、書簡を用達興津克広（能登守）に与え、登館者の数が減っている由、会沢を抜いたことはいかにも不策と思う。このうえは青山一人が残るわけだが、それでは永世の害になることゆえ、青山も引っ込むだろう。反改革派のもとでは学館の閉鎖もやむをえない

と述べている。

いったん登館を拒否した青山延光も、難局打開のためには江戸へ出て直接藩主慶篤に学館の現状を説明して意見を聞くのがよいと判断し、六月九日、出府の願書を藩庁に提出した。しかしこの件は許可されず、実現しなかったけれども、同月十六日、諸生有志一七人が連名で、また同時期居学生有志一八人が連名で、ともに青山教授頭取を支持するとともに、斉昭の藩政関与を求める願書を藩庁の要人に提出している。とくに居学生のそれでは、青山がもし教授頭取を免職になるようなことがあれば、どこまでも出向いて歎願するつもりだ、と訴えている。

ところが、こうした訴えを振り切るかのように、反改革派が権力を握る藩庁は、六月二十六日、先に辞職を願い出ていた訓導・舎長を突如罷免《ひめん》した。この処分によって、訓導石川伝蔵・鈴木子之吉・石河幹二郎の三人、舎長では住谷寅之介・鮎沢伊太夫・佐野順次郎・茅根伊予之介・落合三蔵らが免職となり、代って森豹蔵、大内与一郎（正敬、玉江《ぎょっこう》）が訓導に任ぜられた。

右の処分に関して反改革派の朝比奈弥太郎は、同志の結城寅寿《ゆうきとらじゅ》（朝道）宛の書簡（七月五日付）で、「訓導らの処分は甘すぎる。惜しいことをした」と述べているように、改革派への圧力は以後一段ときびしいものとなっていく。

このころの政情を「水戸八景」になぞらえて諷刺した「八景之楽歌」のなかに

天狗落官（「水戸八景」では「太田の落雁」）

あわれにも打落さるる天狗かな　さりとても又鼻はしひげし

弘道館万消（「水戸八景」では「山寺の晩鐘」）

会沢の流れも細くなる上は　又青山も枯木ける哉

の二首がみえる。これまで述べてきたような改革派の凋落《ちょうらく》と弘道館における改革派の退潮とをいいあてまことに巧みである。なお、「天狗落官」の「天狗」とは、身分の低い武士の多い改革派の人々を、自分の才能を鼻にかける高慢な成り上がり者という意味で反改革派が誹謗して呼んだものであろう。

さて、反改革派の藩庁は、改革派を弾圧する一方、学館の人事面でも実権を握り、七月十六日、新《しん》番頭《ばんがしら》の遠山竜介（重寛）を側用人に抜擢して弘道館掛を兼ねさせ、助教高根信敏（十一月に教授頭取代、十二月に教授）らを指揮して運営の衝に当たらせた。

九月に入ると藩庁は、武田耕雲斎、吉成又衛門らを隠居処分として改革派に厳格な姿勢を示すとともに、諸生を反改革派へ引きつけるため、反改革派の手で二十一日から文武の大試を開始、十月十一日に終了した。十月二十三日には参加者への慰労として、例年どおり酒・吸物・赤飯が下賜された。従来その席に役方が揃うことはあまりなかったのに、側用人、小姓頭らもそろって列席し、とくに遠山竜介に対しては弘道館掛としての功労を認め、賞賜を与えたほか、竜介の子息熊之介、佐野五三郎、友部八太郎の三人を舎長に、新家半之允ら八人を居学生に昇進させている。

さらに藩庁は、翌三年元旦、水戸徳川家の一族松平頼譲（中之介）の無願出府に連座して、会沢正志斎ら九人を城下中町の官舎に幽閉した。昨年六月の訓導・舎長の罷免以来、弱体化の一途をたどっていた弘道館の改革派勢力は、会沢のさらなる処罰により大きな打撃をうけることになった。改革派にとっては文字通り「弘道館万消」となったのである。

漂う沈滞ムード

弘化三年二月、教授の藩庁への伺書には、布衣と三〇〇石以上の大身の惣領が怠惰なので注意の通達を出してほしい、とある。小身の子弟は文武に励むことで認められ、立身への糸口をつかむこともでき、事実それが立身へのほとんど唯一の手段だったのにくらべると、大身の子弟とりわけ嫡子にはその必要がないばかりか、能力主義が幅をきかす学館をむしろ厄介視していたのが現実とすれば、反改革派の門閥重臣が実権を握る状況下では、大身の子弟に学習意欲を喪失し登館を嫌うものが多かったとしても、それは当然であったろう。一方、下士の子弟、なかでも改革派の人々が反対派統制下の学館で文武に励んでも、立身への糸口にならないとすれば、大身の子弟とは別の意味で学習意欲をなくしていたろうことも想察に難くない。

三月、教授は

このごろ軍書寮（講習別局）の人数ばかりが増加して困っている。講習生すら二五歳を待ってわざわざここへ廻りたいという者も多い

と申出ている。すでに述べたように、軍書寮は一般諸生より学力の低い者の通うところなのに、講習

生すら進んでここへ廻りたいと願う者が多くなった、というのである。この傾向は、諸生の大半を占め、居学生を目指して勉学に励むべきかれらにとって、学館が魅力に乏しいところになっていたことを物語っているのであろう。改革派とそうでない者との間に果して学習意欲に差があったかどうか、といった点についてはわからないが、立身への糸口が閉ざされているような状況では、教育活動が低調にならざるをえなかったのは当然で、教職の学識も青山拙斎・会沢正志斎が教授頭取であった時期とは比較にならなかったとすれば、なおさらである。

医学館では、係の医者が、藩庁に近ごろ患者が減り、医術の修業が行届かないので、師匠の家に寄宿する者が現われ、規定により月に一〇日も登館していては修業にも支障がでるので、今後は六日に減らしてほしいと申入れた。藩庁は、寄宿者名簿の提出を条件にこれを許可している。医学館もまた衰微していたのである。

改革派復活まで

改革派が凋落した学館は、弘化三年を通してなお不振であった。しかし翌四年になると、既定の日課は年間を通じ一応実施されるようになり、反改革派藩庁のもとで、設立当初の活気は失われていたとしても、教育活動自体は継続されていく。

とはいえ、大身子弟の登館を嫌う傾向は依然として顕著で、諸生の登館も全体として減少していたことは否めない。嘉永五（一八五二）年四月の一か月間に文館へ出たおよその人数は居学生一七、八人、講習生三五、六人というからまことに淋しい状態であった。

しかしこの年の前半を底として、その後半期から翌六年にかけて、学館を包む雰囲気は活気をとり戻してきた。嘉永二年三月の、斉昭の藩政関与解禁によって、門閥重臣、反改革派の勢力が徐々に後退し、逆に斉昭の権勢が次第に伸び、これが藩政に反映するようになってきたからである。すなわち、四年四月、反改革派の重鎮興津蔵人、内藤藤一郎（業昌）が左遷され、用達も交代し、これより斉昭好みの人事が行われ、五年九月ころまでに江戸勤務の用達すべてが入れ替った。

学館内部をみると、高根信敏が五年九月に教授頭取兼史館総裁を免職となり、かわって青山延光が同職に就任、六年三月には青山延寿、八月には石河幹二郎、鈴木子之吉（以上訓導）、十一月には会沢正志斎（教授）、国友尚克（善庵、江戸弘道館助教）らが再任もしくは新任されるなど人事の交替が進んだ。

八年ぶりに訓導に再任された石河は、その日記に

九（八の誤り）か年ぶりに文館へ出、用達・若年寄の方々にも謁し、教職の方々とも話をしたが、昔とはうって変って諸生すら知っている者はいない。われながらどうなっているのだ、とあやしい心もちになった。学校の衰退まことに歎かわしい。

老公（斉昭）の尊慮をわずかでも心得ている者はいないようにみえる。これでは有能な人材教育などできるわけがない

と記している。ここには改革派訓導の、往事を回想しての深い感懐と、訓導再任にかける強い意気込みをみることができる。

六、本開館と諸規則の制定

本開館への準備

安らかな政治をと願って年号が安政（一八五四―五九）と改ったころから、ふたたび藩政の実権をにぎった斉昭は、改革派の協力のもと、本開館への準備を急いだ。天保十二（一八四一）年に仮開館しながら、既述のように、敷地の中央部の孔子廟と鹿島神社には、ともに「魂《たま》入れ」すなわち孔子の神位を祀り、鹿島神宮から建御雷神を分祀する行事が済んでいなかったので、これを実現するとともに、学則なども制定して、名実相備わった藩校にすることが斉昭の宿願であった。

このためまず、安政二年二月、武田耕雲斎を大番頭兼務の学校奉行に任じ、学館全般の監督に当たらせ、会沢正志斎を小姓頭で教授頭取に復職させ、江戸でも九月、側用人藤田東湖を学校奉行兼務とするなどの人事を発令した。

ところが、十月二日、江戸に大地震、いわゆる安政の大地震が起こって、水戸藩士からも多くの死者を出す惨事となり、藩庁の受けた物心両面にわたる被害は甚大であった。とりわけ、両田といわれ、斉昭の股肱《ここう》の臣として知られた藤田東湖と戸田忠敞（用達）がともにその犠牲となったことは、斉昭はいうまでもなく、改革派にとってもきわめて大きな痛手であった。

すでに述べたように、小石川藩邸の一隅にあった江戸弘道館も当然少なからざる損害を被ったにちがいないが、その具体的状況についてはわからない。以後藩庁はしばらくの間復旧工事に全力をあげなければならず、欠員補充のための人事異動も行わなければならない。十一月、武田耕雲斎を若年寄に昇進させて江戸勤務としたのにともなって、水戸の学館は、白井久胤（用達）、中山道正（若年寄）、興津良能（若年寄）らの監督するところとなったが、おのずから本開館への見通しも立ちにくい状況であった。

しかし、本開館への執念を抱きつづける斉昭は、この十一月、学館の現状と問題点を知るために教職・舎長らに意見の提出を求めた。すなわち、「文武兼修の事」以下二三項目にわたる条項を示し、これらについて意見のある者は、来る十二月十四日までに封事《ふうじ》のかたちにして提出するよう命じたのである。

この斉昭の求めに応じ、多くの建議書が提出され、改革派の元訓導茅根伊予之介は、これら建議書を集め「学制建議」と題する一書にまとめた。これは大部のものとなったようで、戦前たしかに彰考館に所蔵されていたといわれるが、戦災で彰考館が焼けたとき烏有に帰したのか、現在は見当らない。

けれども幸い、その建議書の一部は昭和十七（一九四二）年に水戸藩産業史研究会による筆写によって伝わり、彰考館に現存する。現存する建議書は、原市之進、下野隼次郎、石河幹二郎、佐野順次郎（以上訓導）は個別に、川瀬順之介（教文）、浅川安之允、柳沢八十太郎、長谷川作十郎、林了蔵（以上舎長）は連名で提出したものである。

これらが、右の「学制建議」からの抜き書きなのか、別にあった原本ないし写本からの転写なのかはわからない。ただし、産業史研究会の写しで、年月がはっきりわかるものは、安政三年の三月と七月のものであるから、上記のように、十二月十四日で締切ることをせず、その後の建議も許したのか、また何らかの事情で再度の提出を求めたのであろう。

建議にみる学館の内情

訓導・舎長による建議は、本開館を前にした学館の実情を知ることができる点で興味深いものなので、次にはその内容について要点を記すことにしたい。

原市之進の建議はその冒頭、「学校が開かれてから一〇年以上もたつのに、まだ正式の学則が定められず、臨時の措置によって学館運営が行われてきたわけであるが、そのためか諸生の間には意外な弊風の生じていること少なくない」と述べている。原の指摘する「意外な弊風」については、他の建議者もほゞ同様の認識をもっており、それは、偏文偏武の傾向、恩賞の不公平、漢書の偏重、治教の不一致、諸生の怠惰という五点にまとめることができるので、以下には建議にみえるそれらの実情と訓導・舎長の考えるその対策について述べることにする。

㈠　偏文偏武の傾向。石河幹二郎は、「学館の現状では、偏文偏武の弊害は如何ともしがたい」として、入学当初から文武の兼修を義務づける制度を定めるとともに、諸生の人物・行状、芸の巧拙を調査する監視役を立て、その実効をあげるべし、という。下野隼次郎もやはり、文館武館と分かれているので、文館の教職はそこの諸生のみと親しくし、武館の師範は武芸に片寄りその巧拙ばかりを論じて士道を奮励することがない、と指摘している。そして下野は、この弊風を打破するためにまず必要なことは、文武の教職・師範が会集して意志の疎通をはかり、諸生は文武両館に一日交替で出るような制度を定めること、ただし二〇歳前後にもなりこれまで学問のみ心掛けあるいは武芸に専心してきた者に、急に文武両館へ一日交替と申渡しても、各自の長所を挫くことになるから、そうした場合には文館で学んできた者も、定められた日割のうち何日かは武館へ出、武芸専門の者も同じように何日かは文館へ出るような定めにしてはどうか、と具体的な提案をしている。

このうち、本開館となったとき、いわゆる朝文夕武の法すなわち午前中は文館へ、午後は武館へとする定めとしたのは、こうした偏文偏武の傾向が強かったことを是正しようとする方策であったが、この状態はなかなか改らなかった。

㈡　恩賞の不公平。仮開館後の学館では恩賞が濫発され、しかもこれが公正を欠くことが多かった点は建議書のこぞって指摘するところで、これが諸生の勉学意欲を削ぐ原因の一つともなっていた。たとえば原は、せっかく学館を設立して人材の育成を目指しながら、あまり登館しない者を召出して要職につけ、芸達者ならば何程不行跡でも恩賞の対象にするのは納得できない、文武ともに上達の者をこそ引き立てるべし、と進言している。

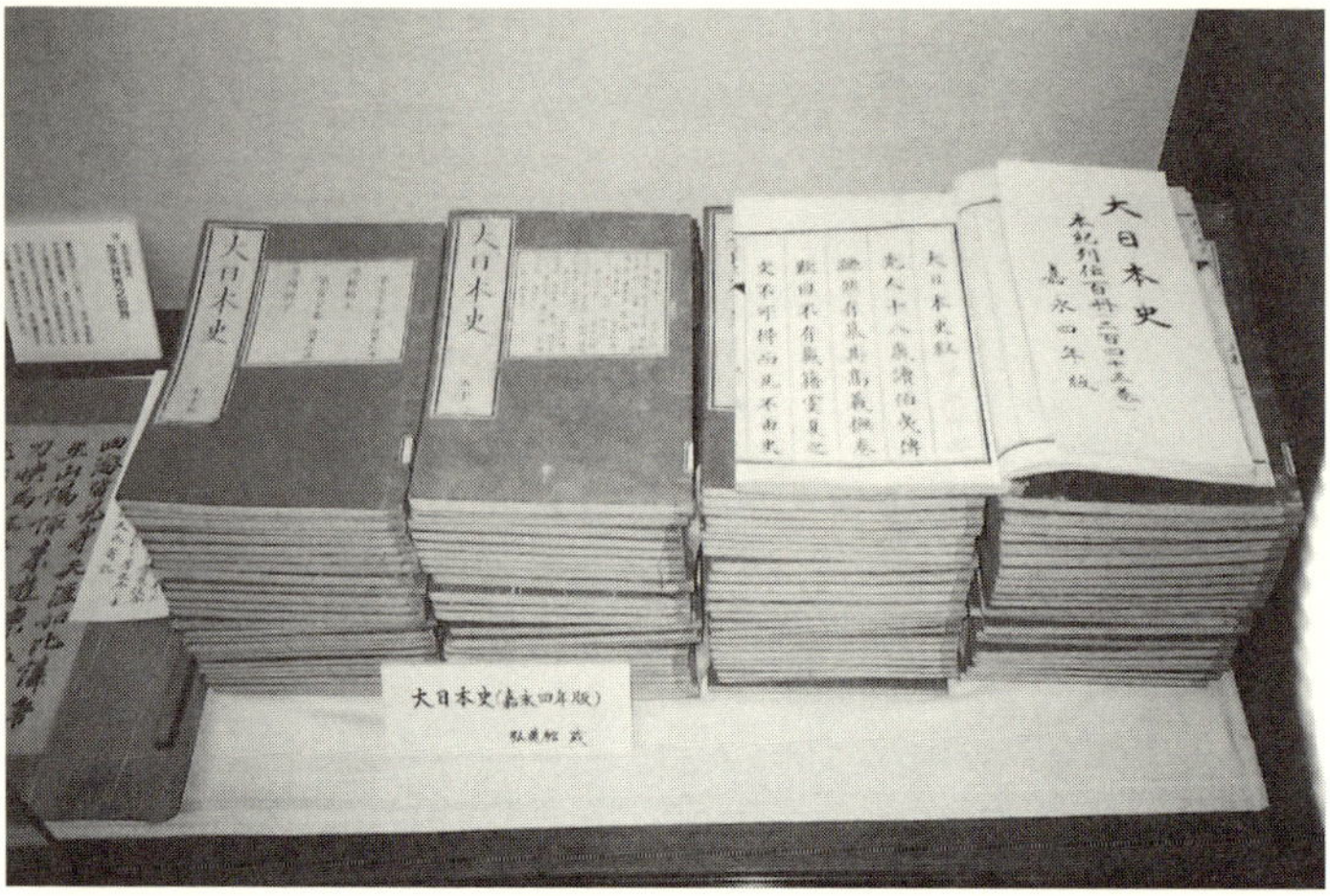

26.『大日本史』版本（弘道館蔵）

石河もこの点について同様の考えをもっていて、「元来学校は芸のみ習う所ではなく、教化の本のはずだ」と述べていた。本開館後には賞罰の規定が整備されるが、それはこれらの建議に基づく措置と考えられる。

㈢ 漢書偏重。建議者たちは、諸生が試験（見分）を受けあるいは講釈を課せられるとき、その対象が中国の古典に限られて、日本のそれが除外されているのは建学の精神である神儒一致に反する、と訴えている。その改善策としてたとえば下野は、毎年はじめ教授頭取が『日本書紀』神代巻や『大日本史』を読み、また「弘道館記」を講ずるのは神儒一致の意を体したものであるが、諸生の試験にさいしてもその対象を国書も含めて考えるべきであり、歌道局も別局扱いとせず、文館の所属がよい、と述べている。そしてさらに、講習生・居学生の輪講はわずらわしく出席者も少ないことであるから、これを月三回に減らし、代りに会読の機会を多くもって疎遠になりがちの教職と諸生がより親密になるようにし、会読の書物は『古事記』『日本書紀』など国書からはじめるのがよかろう、と提案している。

漢書偏重の事態は、神儒一致の精神が実際の教育に生かされていないことへの反省であり、諸生の多くが日頃その必要性を感じていない専門的な四書五経などの経書の講義を聞き、また字句の細かな解釈が要求される輪講に興味をもちえず、なによりも全体的にみれば諸生のそうした講義や輪講に耐えうる学力の乏しかったことを窺わせる。

こうした現状をふまえ、下野は学館には「当今有用必読の書」や「万国の形勢・虜情・兵勢を知るべき有用の書」を備え、諸生が日頃から世界の大勢に目を向けるよう指導するとともに、見分についても経書・詩文ばかりでなく、海防のことや「牧民《ぼくみん》」（人民を治めること）など当今急務とする問題の対策文も加えるべきである、としたのは、諸生の向学心を高める方法としては注目すべき意見であるが、実現には至らなかったようである。

㈣　治教の不一致。三・八の日には家老・番頭が、五・十の日には用達がそれぞれ登館して視察し、目付が諸生の出欠、行状を調査して賞罰選考の資料を作成し、また、教授頭取が小姓頭を兼ねるという学館運営の方式は、治教一致の精神に基づくものであったが、実際に所期の目的が果されたかといえば、そうはいかなかった。

川瀬ら連名の建議によれば、仮開館の当初、学館の教育は教授頭取にまかされていたのに、近頃は藩庁の役人が直接これに介入するようになり、その結果、頭取の立場はおのずと軽くなって館内にその威令が行われず、つまるところ治教相分れ、文武も一方に偏り、学館本来のあり方が見失われている、とし、やはり学館の行政と教育については当初のように教授頭取に委任する状態に戻すべきだ、と主張している。

石河も、用達ら担当役人は所定の日に限らず、折にふれて学館を訪れ、正庁での見分だけでなく、文武両館へも臨み、実情をつぶさに視察してほしい、と希望し、藩庁が学館のことを今のように軽視するのであれば、人材教育など出来るはずがない、と治教不一致の現状を憤っている。

㈤ 諸生の怠惰。下野は、水戸藩の現今もっとも憂慮すべきことは高官に人材の乏しいことだが、そうであればこそ子弟は勉学に励むべきなのに、実際は逆であって、先祖の勲功によって高禄を食むかれらは、要職についても君恩あるいは先祖の恩に報いようとする気概がうすく、文武の道も未熟で目先の安楽をむさぼるのみか、下級の士をいわれなく軽蔑するとして「世禄の弊」を指摘し、高官の子弟ほど学業に怠慢である現状を批判している。そして、これを改めるには高官の子弟に寄宿を命じ、文武を講習させなければならず、それを実効あるものとするには正庁と文館の学寮が隔たりすぎている建物の配置上にも問題があるとして、その改善を求め、詳しくは他日図示して提出するので参考にしてほしい、と論じている。

下野のみならず、佐野、原も同様に高位高官の子弟に教育軽視の風潮がつよく、身分制社会の人間関係が学館内にもちこまれていた実情を心配している。

もっとも、高官の子弟ばかりが怠惰というわけではなかった。原や下野によれば、当時六、七〇人いた居学生さえ、文武の道にすぐれている者はごくわずかで、個室を与えて優遇するにあたいする者は少ない。したがってこのままの状態で懸案の寄宿制を実施したならば、高官の子弟に媚びる諸生が増えるだろうし、講習生には、居学寮へ集まりそこをあたかも遊談所のように心得ている者もいて、居学生はこれを放置している、という。石河も居学生の怠慢を指摘するとともに、その理由の一つに、入学時に特別の式典もなく、進級しても一片の通達があるだけで心構えを諭す機会がなく、その自覚を促す場のないことを挙げている。

川瀬らも、居学生への進級や武芸の免許の授与が、これまで教職・師範の申し出次第になっているのを改め、一段と厳重な審査をして、居学生・免許の者といえども怠惰あるいは不心得な行為があればその資格を奪うべきことを提案している。

以上、建議の内容を要約して述べたのであるが、それらによれば、高官の子弟は身分制度のうえにあぐらをかいて学業に励むことをきらい、講習生は居学寮を遊談の場所にして勉学を怠る弊があり、選抜されたはずの居学生さえそれにふさわしい学力をもたない者が多かったというから、真剣に学ぶ諸生の姿は意外に少なかったのであろう。

とすれば、反改革派主導で、沈滞していた学館の雰囲気は、改革派が復活しつつあった安政三年の時点でもなかなか改まらなかったと考えられる。

諸生の勉学意欲の欠如は、もとよりかれら自身の問題ではあるけれども、次の二点はそれを助長することになったと思われる。第一は、教職と諸生とが親しく接する機会が少なかったことである。下

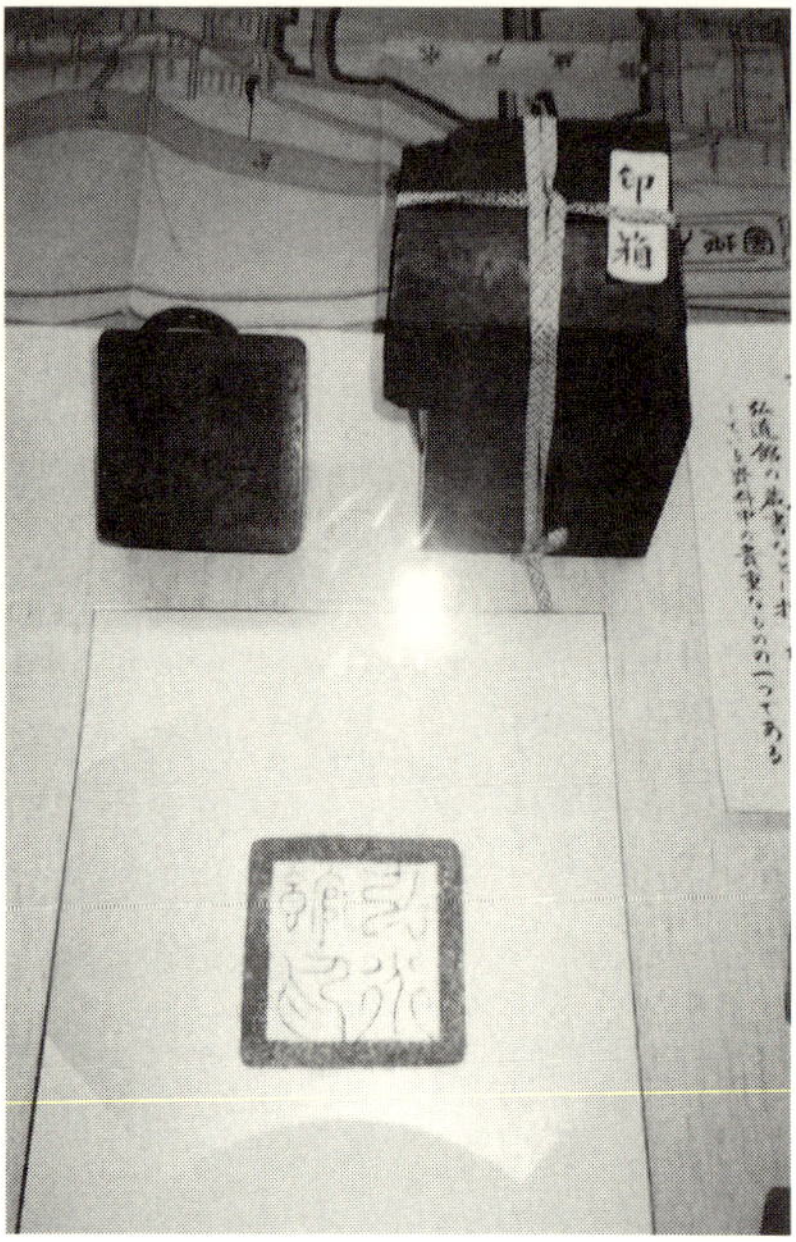

27．弘道館の蔵書印と印箱（弘道館蔵）

野は、教授頭取をはじめとする教職が時どきは居学生の部屋に出向いて志業を談ずるならば、彼らは読書に目覚め、行動も自制するようになるだろう、といい、石河は、家塾を巣立って学館に来たものの、学館がかえって諸生の風教を害する温床ともなっている、とさえ指摘し、教育機関として機能していない現状をきびしく批判している。

第二は、学館の、蔵書と武具の貧弱さである。原によれば、仮開館以来一五年のあいだ、書籍の購入は一度も行われず、武具の手入れも同様だ、という。財政逼迫のもととはいえ、諸生怠惰の一半の責任は、藩庁のこうした学館軽視の姿勢にもあったといえよう。

本開館式の挙行

大地震の後始末におわれ、混乱をきわめた藩政のもとで、本開館への準備は一向に進まなかった。しかも、安政三年十一月九日に藩主慶篤《よしあつ》夫人が死去する出来事が加わって、本開館はさらに遅れる事態となった。

しかし、翌四年に入るとその気運は急速に高まってきたようで、二月上旬には、三月はじめの式典

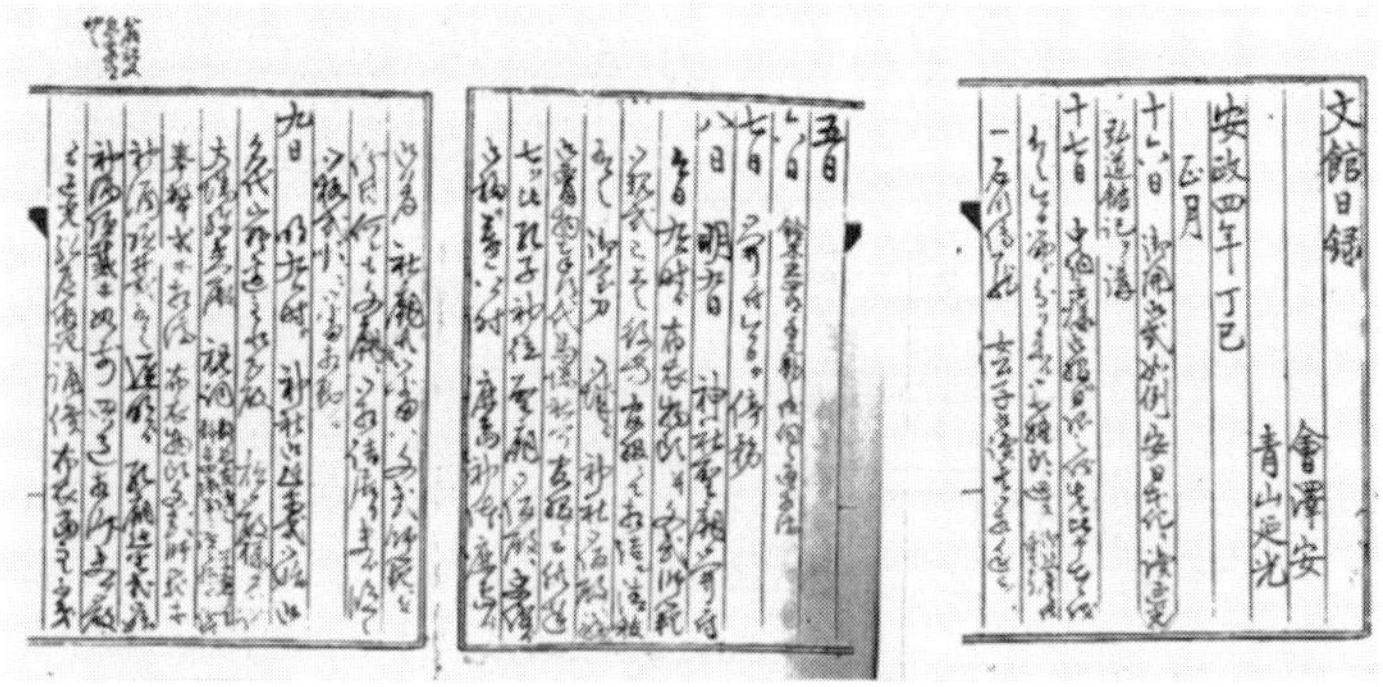

28. 本開館の模様を記す「文館日録」（茨城県立歴史館蔵）

挙行に向けて式当日に読みあげる祝詞《のりと》の執筆者の選定、鹿島神社の神体を鏡か剣のいずれにするかなど具体的な問題の協議が藩庁と教職の間で行われるまでになったが、それでも予定通りに事は進まず、五月三日になって八・九の両日挙行とすることがあわただしく決まった。

しかし、六日になってなお祝詞の読み手を教授頭取、神官のいずれにするかが未定であったことからみると、直前までいろいろと議論がかわされたのであろう。

七日になって斉昭の判断により鹿島神社の祝詞の読み手は静・吉田両神社が交替で当たり、今回は静神社長官の担当とすべきこと、孔子廟の祝文《しゅくぶん》は今後とも教授、助教の担当とすべきこと、と決したのである。こうして待望の式典当日を迎えることになった。

五月八日にはまず、午後四時頃孔子神位が彰考館から孔子廟仮殿へ移され、ついで午後六時頃に神体が鹿島神宮から到着、神社、廟ともに文武の師範が警固番を勤めた。

翌九日には午前零時頃から藩主名代の山野辺《やまのべ》義芸《よしつね》（主水正《もんどのしょう》、

29. 孔子廟（再建）

30. 鹿島神社（現在の仮社殿）

義観の子息）が祭主となって遷宮式がはじまり、青柳村（水戸市青柳町）の神官小川修理の撰になる祝詞を静神社長官斎藤監物《けんもつ》が読誦し、分祀式がおわると、明け方から孔子廟の祭式にうつり、助教青山延寿が祝文を朗読、孔子遷座が済んだのは午前一〇時頃であった。式典終了後、用達以下諸生にいたるまで順々に鹿島神社と孔子廟とに参拝し、それから一同学館に会したところで、青山延光が「弘道館記」を読みあげ、ついで藩主慶篤が四月二十九日付で教授頭取に下した文武奨励の親書を拝見、滞りなく式典は終了した。慶篤の親書は、本開館に当たり、藩士一同が「弘道館記」の主旨に背かないよう、とりわけ高禄を食む者の子弟は藩の柱石となる身分であるからいっそう精励すべし、という内容である。先に述べた学館の現状をみれば、この親書が出された理由もよく理解できる。

諸規則の制定

本開館を好機として定められた規則のおもなものは、学則、入学式次第、朝文夕武の法、寄宿制、賞罰と試験、についての規定であるから、以下には学則から寄宿制までを述べ、賞罰と試験については項を改めることにしたい。

㈠　学則。本開館以前の安政三年の七月頃から作成の準備にとりかかっていたがなかなか成案がえられず、ようやくこれが制定されたのは五年の五、六月頃と思われる。学則は九か条でその要旨は次のようである。

第一条、「弘道館記」を熟読し、その深意を十分汲みとるべきこと。

第二条、敬神崇儒の意を考え、忠孝の大訓を遵奉《じゅんぼう》すべきこと。

第三条、『古事記』『日本書紀』以下の史書、律令、格式、徳川家康と初代頼房、二代光圀の言行法令

を学ぶことを基本とし、さらに古今の群書をよく読んで知識をひろめるべきこと。

第四条、文武の芸を習う者は文武の道をもって本とし、いたずらに技芸の士とならないようにすべきこと。

第五条、学問事業一致の精神を体し、常々実践につとめるべきこと。

第六条、学問する者は、ひろく四書五経に通ずるよう勉学するもよし、一つの経書に関心を集中するもよし、それぞれ好むところに従えばよいが、偏見固陋《ころう》の弊に陥りやすいので注意すべきこと。

第七条、『孝経』『論語』については誰も精思玩味につとめ、この精神の社会的実践に心掛けるべきで、末技におぼれ曲芸の徒となってはならないこと。

第八条、武術を修める者は、すべからく武勇を

31.「弘道館記」を収める八卦堂（再建）

尚び、みずから錬磨につとめるべきこと。
第九条、諸生は日頃から礼譲をもって交わり、忠孝をもって勤め、時間をおしんで勉学し、社会に有用な人材となるべきで、怠惰な生活を送り老いて枯落の悔恨を残さないようにすべきこと。

なおこの「学則」は、六月には矢島義容が清書し、それを藩庁が出版して諸生に頒布されたのであるが、出版の時期ははっきりしない。

さて、仮開館以来、入学に際して特別の行事は行われなかったが、本開館からはこれを改め、入学式次第が定められた。それによると、文館は舎長、武館は手副（副師）が麻上下《あさかみしも》の礼服着用の新入生を引率して学校総司以下の列座する学校御殿（正庁）へ出頭し、目付が諸生を呼び寄せ着座させる。このとき学校総司あるいは学校奉行から訓示があり、つぎに教授頭取が、

一、文武の諸生は『弘道館記』の深意を心得、孝悌忠信をもっぱら心掛けるべきこと
一、教職と年長者を敬い、長幼の序を乱さないようにすること
一、行儀を慎み、礼譲を失わないようにすること

という入学規則を申し諭す。

入学生のうち格式布衣ならびに三〇〇石以上の者にはとくに藩主の諭書を読ませ、式典が終るとふたたび舎長・手副が引率して構内の孔子廟と鹿島神社へ拝礼し、教職および先輩諸生に引き合わせる。

本開館に当たって、文武修業の基本方針を述べた四か条の布達が藩士に出された。すなわち、朝文

32. 学生警鐘

夕武の法、寄宿修学の法、文武不偏の実行、家塾入学の法である。

　このうち第一条の朝文夕武の法、つまり朝五つ時（午前八時頃）から九つ時（午後零時頃）まで文館へ出、それから夕七つ時（午後四時頃）まで武館へ出るようにしたのは、文武を偏りなく学ばせるための具体策であり、従来偏文偏武の傾向が強く、先の訓導・舎長の建議でもこの点について改善を求める声が多かったので、日課の上でもその実があがるようにしたのである。

　第二条の寄宿制については、仮開館以来計画しながら実施に至らず、本開館後の十一月一日になってようやくはじまった。小姓寄合組、布衣、三〇〇石以上の嫡子で、一八歳以上の者が寄宿の対象となり、一月十六日から三月末、十一月一日から十二月二十日までの期間、一か月十五日詰という規定であった。当初の入寮者はわずか一五、

33. 種梅記碑

六人で、これを二組に分け、一か月を一五日ずつ交替で詰めさせることにした。

寮生のなかには、夜中に教職の通るはね橋を半ばはずしておき、踏むと落ちる仕掛けをしておくような者や、舎長の選考に漏れた腹いせに諸生を煽動する者がいたりして、教職を悩ませることもあり、こうした事態は、上層身分の寄宿生を中下層の教職や舎長ではなかなか統率しがたい面のあったことを窺わせるが、ともかく懸案の寄宿制をスタートさせることができた。

第三条では、二五歳以下の諸生は必ず日割の日数は文武等分に登館し、片寄りのないようにと念を押している。

第四条の家塾入学の法は、天保十二年十一月以来実施してきた方針の継承である。藩士の子弟一〇歳以下の者は家塾へ入り勉学すべきで、入門後は誰子弟何歳で誰へ入門したかを教授頭取まで届け出るよう指示している。

本開館後の閏五月、江戸の弘道館に対しても、次のような通達を出した。藩士の文武修業ぶりについては、国許で仰せ出された文面をもって、先達てやはり通達したところであるが、とりわけ二五歳以下の文武諸生はおのおの日割のうち両館へ片寄ることなく出頭するように。また藩士の子弟で一四歳以下の者は家塾へ入門して読書手習いの修業をせよ。そのときは姓名・年齢と誰へ入門したかを教授頭取まで申告するように。

ただし、江戸で水戸のように寄宿制が実施されたかどうかはわからない。

本開館後の実情

本開館後四日目の五月十三日、訓導石河幹二郎が当番で登館したとき、諸生の数はこれまでの数倍と見受けた旨をその日記（『石河明善日記』）に記しているから、なお緊張感は持続していたのであろう。十月から十二月にかけて行われた恒例の大試のときもその参加者は以前にくらべると二倍ないしそれ以上とみてよいようである。

しかし一方では、大試がはじまった十月にはすでに、

この節大砲の訓練場である神勢館の矢場はことのほか混雑して修業も行き届かない由だが、一方では学校へ出る者がだいぶ減少し、なかには神勢館へ出れば学校へは行かなくてもよいなどと心得ちがいの者もいると聞く。神勢館ばかりが盛況というのでは、学校は衰微の至りということになりかねない

という通達が出るほどであった。神勢館〈斉昭の命により城外細谷村〈水戸市城東〉の那珂川沿いの

地に建設され、嘉永六〈一八五三〉年十二月に完成した総合軍事訓練場。斉昭はこれを神勢館と名づけた）へ出れば学館へは出なくてもよいと心得違いをしている者もあったというが、これは本開館にさいして示した朝文夕武の法に反する態度であり、偏文偏武の方針がなかなか改まらなかった実情を窺わせるものである。

斉昭は、安政五年二月、

> 諸生の中には教職の教えを守らない者があり、寄宿生には夜中に悪いいたずらをする者もいると聞くがこれはどうしたことか、礼節を本とすべき学館で師匠や年長者をあなどるような弊風を除去できないのはもってのほか、今後場合によっては申付けようもあろう

ときびしい注意を与え、慶篤も、「この斉昭の意を体して鋭意学館の運営に当たるように」、と教授頭取宛に指令を下した。

34．神勢館跡地に建つ「神勢館五丁矢場」の碑（市内城東）

斉昭と慶篤から注意を受けた会沢・青山両教授頭取は、さっそくその主旨にそって弊風を改め尊慮を安んずるよう諸生一同の猛省を促す告諭を発したのであるが、これらをみると、本開館に際しての緊張感は半年をすぎたころから急速に弛緩してしまったようである。

賞罰と試験

天保十二（一八四一）年十二月、斉昭は目付に対し、皆勤の者には褒賞、文武出精の者には召出し（任用）、引立て（昇進）、不勤怠惰の者には咎めなど、賞罰の要領を示した手書を下すことがあり、先に述べたようにこれまでも褒賞は行われてきた。しかしその規定が整備されるのは本開館後のことであるから、ここにまとめて述べることにしたい。

文武の教職は、つねに諸生の勤惰、操行の正否を視察し、褒賞に価する者を毎年はじめ、教授頭取から藩庁へ申請する。その文案は、文館は舎長、武館は手副が教職の意を受けて作成することになっていた。一方、目付は、出欠状況を調査し、平常の挙動を勘案して藩庁へ報告しなければならない。藩庁は、教授頭取と目付からの書類を検討して受賞者を決定する。受賞者は城中へ召され、役職の昇進・加俸・紗綾（布衣以上）・白銀（平士以上）の賞を受ける者は用達から、上下地《かみしもじ》・袴地・白木綿また刀緒を受ける者は若年寄から、それぞれ授与される。

なお、文館では居学生以上、武館では免許以上の子弟で数年間出精した者へは白銀二枚以上が与えられ、物頭以下平士以上の嫡子で文武に長ずる者は床几廻り《しょうきまわ》（藩主近衛の士）に選抜された。このほか文武優秀の者には、臨時に、文館では書籍、武館では槍刀などの賞品が授与されることもある。

これらの賞賜は、試験の結果行われることが多い。すでに「はじめての文武試験」の項で述べたよ

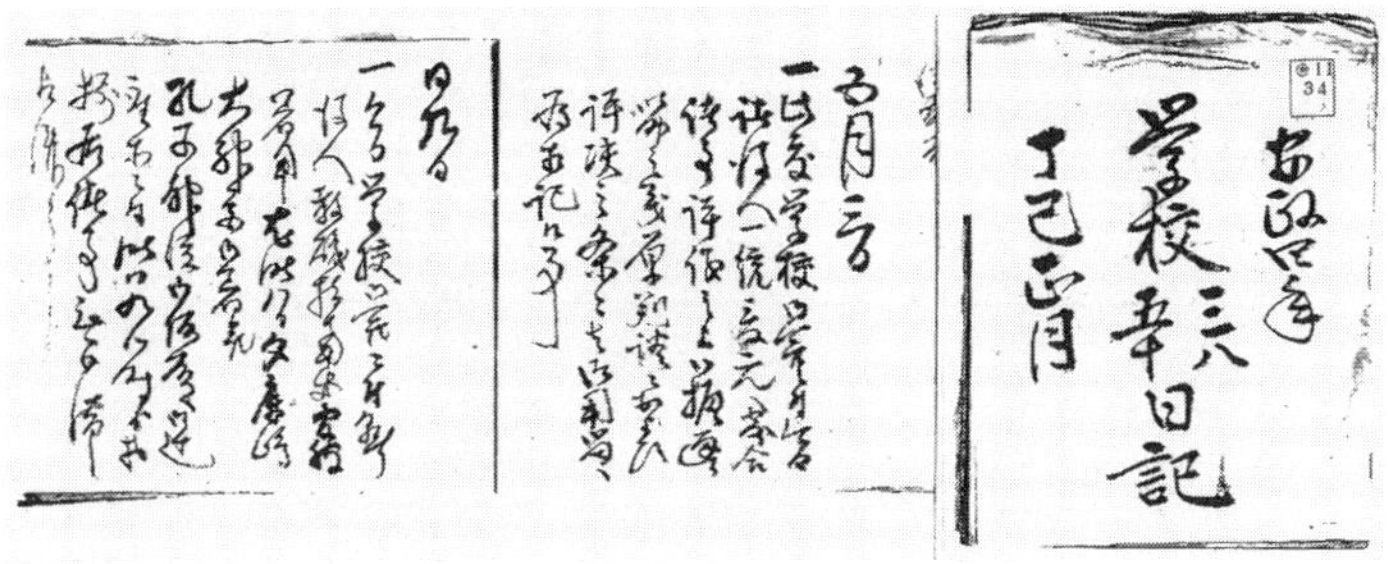

35.「学校三八・五十日記」（茨城県立歴史館蔵）

うに、試験は毎年一回十月から十一月にかけて行われる文武の大試（大見分。原則として藩主臨席）と、毎月三・八の日もしくは五・十の日に行われる小試とがある。

大試の方法は、その一〇日ほど前に目付から舎長（武館は手副）に命じてこれに応ずべき者を選抜して名簿を提出させ、目付が勤惰、操行を各人について点検のうえ、日割を作成して藩庁へ提出する。試験の当日は、藩主・家老・教職の居並ぶ前で一人ひとりが順々に発表する。発表の内容は事前に十分準備し、各人もっとも得意とする経史の章を講ずることになっていたから、みな精根を傾け日頃の学習成果を披露すべく努めたであろう。

大試が終了すると、藩主みずから学校御殿に臨んで受験生一同に慰労の辞を与え、これらの行事をすべて済ませたあとで、家老・用達以下関係者一同さらには受験生にまで酒肴《しゅこう》を賜わることになっていた。

一方、罰則の方は、諸生として師長に従順でない場合、あるいは過失があったときは、舎長・手副がまず注意を与え、なお改まらないとき、教職が当人を譴責《けんせき》する。それでも悔悟しない者は藩庁に上申して謹慎を申付ける。もしこれが居学生であれば講習生に降し、免許以上の者であればそれを取り消すなどの措置がとられる。

その他怠慢で文武の出席日数を割った者は、目付がこれを調べて藩庁へ申し出、この場合は奪職・降等（在職満了で昇進すべき者を差し止める、あるいはかえって等級を降す）・増課（過詰《かずめ》ともいい、出席日数一五日の義務ある者に三〇日に増す類）などを行うことがある。（この項は名越漠然著『水戸弘道館大観』によるところが多い）

藩士の嫡子は、四〇歳になるまでには何かの役職につけることになっていたが、次男以下は他家へ養子に出るのでなければ役職につけず、一生父また兄の厄介になってすごさなければならなかった。この点を改め、試験の成績によって、嫡子は早く召出し、次男以下でも文武抜群の者には賞賜を与えるなど、優遇策を講ずることにしたのである。

七、諸生の分裂と学館の動揺

安政大獄前後の政情

安政五（一八五八）年に入ると、すでに述べたように本開館直後の雰囲気はすでに失われていたとみられるが、それでも六月までは素読吟味、武芸見分とも滞りなく行われていた。

しかし七月上旬から教育活動は行われなくなり、翌六年十月まで再開できない状態がつづく。それは、斉昭が幕府から処罰された事件に発端がある。

斉昭は、六月二十四日、藩主の慶篤を伴い、尾張藩主徳川慶勝《よしかつ》、福井藩主松平慶永《よしなが》らと不時登城して、大老井伊直弼が無勅《むちょっきょ》許すなわちときの孝明天皇の許しをえずに日米修好通商条約を調印したことを責めたてた。七月五日、その罪で弘化元年につづく二度目の謹慎処分を受け、斉昭と行動をともにした慶勝、慶永も同様の罪を受けた。不時登城とは、押懸《おしかけ》登城ともいい、大名はそれぞれの格式によって登城日が定められていて、この日は三卿の登城日であったのに、斉昭がこれを無視して登城し

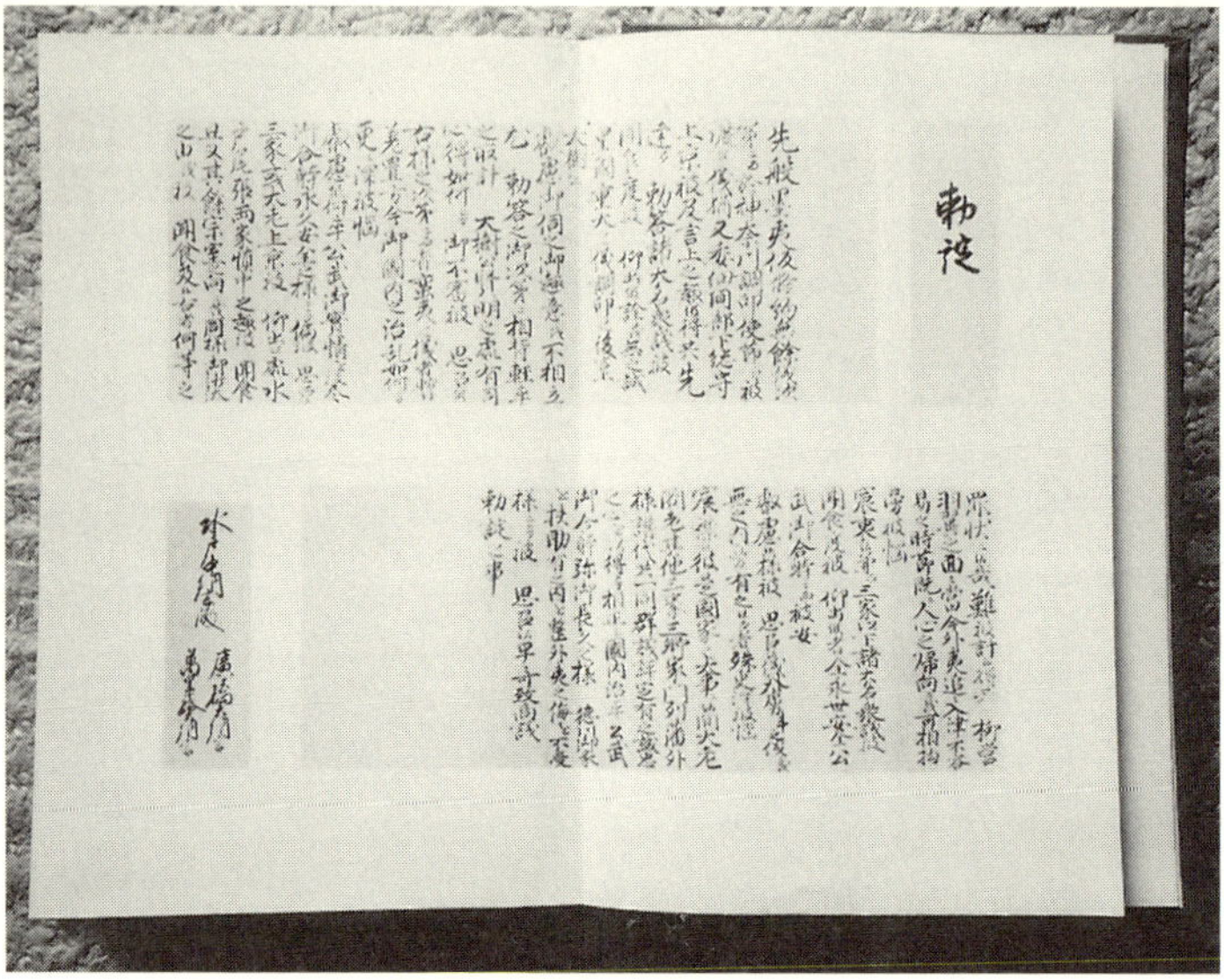
勅諚

36. 戊午の密勅（『水戸藩史料』下編より）

たことをいう。翌六日には慶篤も登城禁止の処分を受けた。

斉昭・慶篤が処罰されたという報が藩内に伝わると、早くも十日頃から動揺の兆しがみえはじめ、二十八日と翌八月の四日、慶篤は藩士の軽挙を戒める諭書を発しなければならなかった。この頃、諸生らのなかにも、江戸へ出て斉昭らの冤罪《えんざい》を雪《すす》ごうとする動きが出てきたので、教職は四と九のつく日には全員が登館して諸生の動きに備えるなど、緊張した空気につつまれはじめた。そしてその直後の八日、劇的な戊午《ぼご》の密勅《みっちょく》が水戸藩に下ったのである。

これより先、通商条約の調印を天皇に伝えるための老中奉書が京都に到着したのは六月七日であったが、天皇は無勅許調印に激怒し、三家あるいは大老のうち一人を上京させて事情説明を行うことを命じた。しかし、幕府が老中間部詮勝《まなべあきかつ》を派遣すると返答したため、朝幕関係は険悪となった。

こうした折、水戸藩の家老安島帯刀《あじまたてわき》、藩士鮎沢伊太夫、薩摩藩の堀仲左衛門ら有志は、薩摩藩士日下部伊三次《くさかべいそうじ》を上京させ、青蓮院宮《しょうれんいんのみや》・三条実万《さねつむ》らに直弼主導の幕政を改革するための勅書を水戸藩に下すように説いてまわった。この朝廷工作が功を奏して八月八日の早朝、水戸藩に密勅が下ったのである。

密勅には、幕府の無勅許調印と斉昭らの処罰を責め、大老・老中らは三家・三卿・家門・列藩と群議評定《ひょうじょう》し、国内治平と公武合体の実をあげ、徳川家を扶けて内政を整え、外国の侮りを受けぬようにせよ、と記されていた。

武家伝奏の万里小路《までのこうじ》正房は、この密勅を、水戸藩京都留守居役鵜飼吉左衛門を自邸に呼んで手渡し、江戸の藩邸に持ち帰るよう指示した。このとき万里小路からは密勅に添えて、国家安泰のため列藩一同、とくに三家・三卿・家門の衆以上には隠居に至るまでこの趣旨を伝達せよ、という副書も手渡された。

吉左衛門はただちにこれを子息幸吉に持たせ、幸吉は急ぎ下って十六日の深夜小石川藩邸に届けることができた。当年の干支が戊午のためこの密勅を世に戊午の密勅と称する。密勅というのは、幕府の意向を受けていた関白九条尚忠《ひさただ》の署名がえられず、その意味で正式の手続きを踏まずに発せられたものだったからである。

なお、幕府に対しては、禁裏付武家大久保忠寛《ただひろ》（一翁《いちおう》）を通して、同文の勅書が二日おくれの十日に渡された。わざわざ二日おくれとしたのは水戸藩へ出した密勅が幕府へのそれより遅くならないようにとの配慮からである。

ともあれ、幕府を経由しない勅書が直接一つの藩に下されたのは前代未聞のことであった。大老井伊直弼は、この密勅降下に暗躍した張本人は水戸の斉昭にちがいないとみて、その証拠をつかむため、まもなく水戸藩士と諸国の志士への大弾圧を開始する。これがいわゆる安政の大獄である。

八月十九日、密勅が小石川経由で水戸に到着すると、城内では早速、諸藩への回達の可否について評議が行われ、会沢正志斎らの慎重論に対し、断然回達すべしとする強硬意見があってするどく対立した。以後、等しく尊王攘夷を唱えながら密勅回達を強行しようとする人々を激派といい、慎重論を唱える人々は鎮派と称されるようになる。天保期藩政改革以来の改革派の系譜をひく尊王攘夷派（尊攘派）はここに事実上二派に分裂したのである。

激派は、安島帯刀（家老）、高橋多一郎（奥右筆頭取）、金子孫二郎（郡奉行）らを中心にいっそう結束を固めつつあった。九月に入ると、奉勅雪冤すなわち勅書（戊午の密勅）を奉じて冤罪を雪ごうと、激派の藩士とかれらに同調する諸生（これを当時激派諸生と称する）・農民有志が続々と江戸へ向かい、その数およそ一〇〇〇人余が下総の小金駅（千葉県松戸市）付近に屯集した。このうち士分の者は江戸へ入ることができたが、農民らは小金で差留められた。この一件を第一次小金屯集という。

37. 墨田区・隅田公園（旧下屋敷）内に建つ藤田東湖の「正気歌」の碑

藩主慶篤は、九月十九日、家老白井久胤・太田誠左衛門と教授頭取青山延光を屯集者慰撫のため小金に遣わした。

　青山らの説得によって、かれらはいったん帰郷したものの、安政の大獄が年を越して深刻となり、翌安政六年四月二十四日、安島帯刀・茅根伊予之介らの審問と禁固が行われると、その直後から、密勅の諸国への回達と斉昭らの無実を晴らそうとする、藩士・神官・農民・町人ら有志の大集団がふたたび江戸へ向かった。この度も士分の者は上屋敷（小石川邸）・下屋敷（本所小梅邸）に滞在できたものの、農民らは江戸へ入ることを許されず、先回のように小金宿や付近の松戸宿などでの逗留を余儀なくされた。第二次の小金屯集である。士民あわせるとその数数千人にも及んだとみられる。

　このような情勢のなかで、諸生にもっとも影響力をもっていたのは、やはり会沢正志斎である。会沢は前年五月、老齢のゆえをもって教授頭取を免ぜられ、風雨のときには登館に及ばずという待遇をうけながら、なお教授の職にとどまっていた（六五頁参照）。

すでに述べたように、会沢は、密勅が下ったあと一貫してそれを諸大名に回達することには慎重な態度をとっていたのみならず、奉勅雪冤のための南上にも反対し、その主張は教職と諸生の大方の支持をえていた。

藩庁は、この会沢の声望をたのみとして諸生の動揺をおさえようとし、六月十五日、藩主慶篤は、次のような令達を会沢に届けた。

この度諸生の中にはおいおい江戸へ出てくる者がいるけれども、なお残っている者もいる。これは会沢の骨折りによるところで、感心の至りだ。しかしこれから西洋五か国と通商の条約を調印するようなことになると、またまた諸生の動揺が懸念される。したがって国許では厳重に鎮撫することこそこの度の奉公である。このことを教職にある者はよく申合わせ諸生の鎮撫に当たってほしい。

しかし、諸生を含む屯集者はすぐには藩庁の説得に応じようとしなかった。やむなく藩庁は、高橋多一郎、金子孫二郎、野村彝之介《つねのすけ》ら激派首脳を小金や小梅へ派遣し説得に当たらせたので、八月上旬には神官と激派諸生を除く屯集者はおおむね帰還させることができた。

その二十七日、幕府は斉昭を国許の水戸城内に永蟄居《えいちつきょ》（終身刑）、慶篤に差控え（登城禁止）、徳川（一橋）慶喜《よしのぶ》を隠居謹慎に処する、さらなる処罰を命じてきた。のみならず、先に逮捕し審問をくり返してきた安島帯刀を切腹、茅根伊予之介、鵜飼吉左衛門を死罪、鵜飼幸吉を獄門、鮎沢伊太夫を遠島に処した。斉昭が水戸城に入ったのは九月四日である。

なおも幕府は、八日、若年寄安藤信正を小石川藩邸に遣わして、最後まで残留している者の退散を命じたので、斉昭は十九日付の親書をもってかれらを水戸に呼び戻すことにした。斉昭の親書を受けては神官らもさからえず、十月上旬には城下に戻り、ここに第二次小金屯集は終った。

その直後、藩庁は士民の動揺と藩中不取締りの罪で金子孫二郎、野村彝之介を逼塞《ひっそく》、高橋多一郎を遠慮の罪に処し、かつかれらのすみやかな水戸帰還を命じた。

まばらな登館者

屯集者の解散を見届けた幕府は、同月三十日、慶篤の差控えを解除したが、この前後、第二次・第三次の断罪を行い、頼三樹三郎《らいみきさぶろう》、橋本左内、吉田松陰が死罪となった。いわゆる安政の大獄はこれをもって終わることになるが、十一月十二日に至って藩庁は、高橋・金子を蟄居、野村を小普請組《こぶしんぐみ》に左遷するなど、激派首脳への処罰を強化した。もとより幕府の命によるところである。

藩庁は、慶篤の処分解除を受けて、昨年七月から休館となっていた学館を再開することとし、その旨を教職に伝えた。これに対し教職は、助教・訓導ともに、斉昭の赦免が実現していない現状では、人心の動揺はなおつづいているとしてこれに同意しなかった。会沢も、かりに学校を再開したとしても、諸生は何を目標に勉学したらよいか迷い、なお人心は浮きたっているので、かれらが文武修業に精出すとは思えない。とすれば、課業をきちんと行うことは無理で、大勢がそうした状況ではとても浮きたつ人心を制止できるものではないと、再開に反対し、この旨を藩庁に建言した。

しかし藩庁は、それでも再開の方針は変えず、十月七日、教職に明日から登館すべきことを命じた。果たせるかな、諸生の登館はまばらで、はなはださびしい再開初日となった。

藩庁は、教授頭取青山延光に、諸生が江戸に登ることのないように取締まりを強化せよと訓令を出したが、登館者はその後も増加せず、とりわけ居学生は少数で、これでは朝文夕武はおろか、文武兼修すら有名無実であった。

次に記すのは、文館の教職が十一月に藩庁へ申し出た文書である。

十月に学校を再開したものの、居学生がとくに少なく、定例の聴聞や輪講をはじめても成り立たない状態である。これでは定めた規則も無為となり、再開した甲斐がない。このような現状では講釈はしばらく見合せた方がよいのではないか。登館者の少ないことは武館も同様と聞いている。課業の日割を定めても実施されないとなれば、講釈の出欠状況の調査にもさしつかえることだから、藩庁でもどうか文武諸生の勉学意欲が向上するように仕向けていただきたい。

再開を強行した藩庁が、逆に教職から諸生の勉学意欲が向上するよう仕向けてほしいと督励される仕儀となったわけであるが、この文書は、諸生の動揺と分裂が、藩庁の予測をこえて深刻であった状況を示しているように思われる。

そのことは十月、江戸に登った激派諸生の一人、梶清次衛門がやはり出府中の東郡郡奉行村田理介を訪ね、

38. 学校御殿（正庁）内部

39. 斉昭筆「遊於芸」（出典は『論語』述而篇）の扁額
——学校御殿の南ひさしの軒に掲げられている——

国許はみな会沢の論に傾き、奸説が充満している。江戸へ出てきたからといって今のところこれといった動きもないけれど、国許へ下ることはできない（『石河明善日記』）

と語っている言葉からも窺えるが、十二月七日、会沢が藩主慶篤へ出した上申書（案）の中で述べている次のような文言によって、いっそう具体的に知ることができる。

学校が再開されてから、講習生には幼年の者が多いため相応に登館者もいるけれど、居学寮の方はこの節登館する者は志気のない者だという説が流れ、毎日六、七人、多くても一〇人くらいしか出てこない状態。武芸も同様不人数である。先日も、佐々千次郎の門人の中島久蔵方へ、床井庄三《とこいしょうぞう》（親徳）がやってきて、学校再開とはなったものの、会沢らが異論を唱えているので、学校へ出ればそれに従わざるをえないような雰囲気があり、その雰囲気が変らないかぎり出ないつもりだ、といっている由。久蔵は、そんなことはないと述べると、庄三はあなたがそう考えるのならそれは仕方のないこと、と申し、さらにその場に居合わせた久蔵の同心宮本長次郎にも、庄三は同様のことを申しかけ、久蔵がまたこれを否定したので、その話は止めになったということである。庄三は学問も相応にできる人物だが、激派の高橋多一郎の姪の聟に当たり、あちこちに出向いては自説を述べ、学校へ出ようとする者を妨げているようで、せっかく殿様の厚き思召しで学校再開に至ったのに、庄三のような者がいて思召しに背く結果となっては学校はますます衰微することになるだろう。（『会沢安封事稿』）

会沢はこのように述べたあと、自分が教職に止まっていることが学館衰微の原因をつくっているのであればまことに恐れ多い次第なので、教授の職をやめさせていただきたい、とまで願い出ているのである。会沢正志斎をもってしても、激派諸生の説得・鎮撫がいかに困難であるかを、この上申書は如実に物語っている。

水戸城中の大評定と諸生の対応

十二月十五日、幕府は慶篤に、密勅を返納すべしとする朝廷の意向を伝えるとともに、今日から三日間を限って必ず幕府に返すようにと命じた。翌十六日には若年寄安藤信正が小石川藩邸に来て返納を迫り、従わなければ違勅になると威嚇した。

実はこれより先の九月末、密勅を江戸に置いておくことに不安を感じた斉昭は、家老大場一真斎（景淑）に命じてひそかにこれを水戸へ運ばせ、十月はじめには水戸城内の祖廟に収めておいたのである。安藤は密勅が江戸にないことを知って驚いたが、幕府に返納せよとの態度はいよいよ強硬であった。

慶篤は、すぐに側用人を派遣して斉昭にこの幕命を伝えた。斉昭はひろく意見を聞いて結論を出すこととし、二十日、家老以下の面々を城中に集めて大評定を開いた。このとき鎮派の領袖《りょうしゅう》と目されていた会沢正志斎は、

朝廷からの直接の返納命令ならばやむをえないが、この度は表向き幕府からの仰せである。密勅は直接水戸藩に下されたものなので、返納をというのであれば水戸藩が家老を使いとして直接朝廷に納めるのが当然、幕府が見届役を出すというのであれば、それはそれでよい。水戸藩が朝廷へ直達

のことは初鮭をはじめ『礼儀類典』『大日本史』『扶桑拾葉集』の献上など先例も多いこと。ともあれ密勅返納は重大事なので、幕府の老中とも十分協議すべきである

と進言した。

また、弘道館の助教・訓導は連名をもって、

密勅は幕府経由で発せられたのではなく、水戸藩へ直接下されたものである。それ故、朝廷から直接返納せよとの仰せならやむをえないとしても、そうではないのであるから返納せよといわれても納得できない。そこで、朝廷の意向を伺う使者を立ててはいかがか。それができかねるのであればせめて文書をもって朝廷の意向を確かめ、どうしてもということならば、天皇のお考えに従うことにしてはどうか。このような手筈をとってこそお家柄も立つというものである

と、やはり幕府への直接返納には同意できないことを申立てたのである。

大評定がはじまると、年若の諸生たちも城中へ詰めかけさかんに役々へ申立てをおこなって騒然たる空気に包まれたが、激派の幹部はすでに述べたように処罰されていてこの評定には加われなかったから、返納やむなしとしても幕府へではなく直接朝廷へ行うべしとする、会沢の主張が大勢を占めた。

この藩議を安藤信正に伝えるため、家老太田資忠・肥田政好は二十六日、水戸を発って江戸へ向かった。

一方激派は、当然ながら大評定の結果に不満で、態度をさらに硬化させた。逼塞中の野村彝之介は

大評定の初日、同志関鉄之介に、
会沢翁はじめ弘道館の教職のうち、鈴木子之吉、川瀬順之介（教文）以外はたいてい朝廷の命ならばやむをえないので返納すべしとの論。要路の微力ごたごたからみると、多分会沢翁の論でまとまるだろう。慨歎にたえないことだ
と報じていた。

長岡勢と諸生の動向

激派の藩士は、密勅を返納せよというのは幕府の奸計によるところで天皇の意志ではないとし、朝廷・幕府を問わず断じて返納すべきでない、と主張した。そして激派の有志士民五、六〇人は、さきに水戸城内の祖廟に収められていた密勅が江戸に運ばれるのを阻止しようと水戸街道の要衝長岡宿（茨城町）に集結した。この一団を長岡勢という。このころ長岡勢はすでに奉勅雪冤から奉勅除奸（井伊大老暗殺）へとスローガンを強め、藩庁の説得にも応ぜず、翌安政七（万延元）年の二月中頃まで屯集をつづけた。

この動きを知った水戸の諸生は大勢して水戸城内におしかけ、自分たちに仰付けられれば激派諸生の率いる長岡勢を追い払うことができる、と意気込んだ。

藩庁の説得に応じようとしない長岡勢に対し、斉昭は、藩庁に指示して追討すべきことを命じた。藩庁はこれに従って追討軍の編成に着手すると、諸生数百人は積極的にその任に当たることを志願したのである。

追討軍は二手の編成とし、その一手は教授頭取青山延光を将とする諸生二〇〇余人がこれに属し、

二月二十三日、水戸城を出発した。

しかし長岡勢は、すでに二十日、密勅返納の不可と同志屯集の理由を藩庁に訴える一文を届けて、自発的に解散していたため、追討軍は二十五日、むなしく帰還する。この一件で弘道館の教職と諸生の多くが、激派追討の先鋒として藩庁の指揮のもとに出陣したことは、以後の諸生の行動の原点として重要な意義をもつことになるのである。

長岡勢の自発的解散は、表向き藩庁軍との衝突を避けるためということにあったが、実は、前年九月頃から高橋多一郎・金子孫二郎・関鉄之介らのひそかに進めてきた井伊大老暗殺の計画がようやく実行段階に入り、高橋らの潜伏が必要になった、という事情があったのである。

さて、三月三日、桜田門外で大老暗殺を果たした実行グループ一八人には、現場で倒れた者、現場近くで自刃した者、薩摩藩との連携を策して京都・大坂方面へ走った者などがあったが、現場から逃れることができた者もその多くは一、二年のあいだに捕えられ、死罪となった。

桜田門外で実行グループに加わらなかった長岡勢残党は、三月末から四月にかけて大貫村（大洗町）付近に集合して気勢をあげていたが、永蟄居中の前藩主斉昭が八月十五日、水戸城内で急死すると、期せずして南上の途についた。しかし幕吏にはばまれて江戸へ入れなかったため、新宿《にいじゆく》村（葛飾区）で進退を議論したものの一致をみず、江戸の薩摩藩邸に赴き同藩をたよって攘夷の先鋒となら んとする一派三七人と、この度は時機を待つこととして玉造《たまつくり》・小川《おがわ》・潮来の郷校を足場に活動をつづけようとする一派とに分裂した。後者を玉造勢と称する。

玉造勢は南郡の各地で商人・富農から軍資金を徴発しながら、郷士・神官・村役人ら有志を集め、「尊王攘夷」の実践と称して軍事訓練に精を出していた。

なお、三七人を保護することになった薩摩藩ではその処置に窮し、かれらの身柄を水戸藩に引き渡すと、江戸の藩庁はただちにかれらを邸内に幽閉した（翌文久元年十二月に釈放するが、うち九人は幽囚中に死去）。

一方、長岡勢追討に赴いて以来政治活動を活発化させてきた諸生は、こうした激派の動向に無関心ではいられず、文久元（一八六一）年二月になると、弘道館ばかりでなく、上町《うわまち》、下町《しもまち》でも三〇人、四〇人と会集し、市川三左衛門、朝比奈弥太郎、佐藤図書《ずしょ》ら門閥派の有力者を訪ねて実力により激派の動きを抑え込もうとし、なかには湊村（ひたちなか市）にまで押出し、さらに奥谷《おくのや》（茨城町）、海老沢（茨城町）などへも出張する気配をみせた。

このような諸生の行動に対し、神経をとがらせた藩庁は、かれらの行動はあくまで藩庁の指揮監督のもとにあるかぎりにおいて許されるので、分を越えてはならない、と諸生をきびしく説諭した。

しかし諸生はこれを聞かず、南郡各地で気勢をあげる激派を鎮圧すべく城下とその近郊で集団行動をくり返す。『石河明善日記』に、「（文久元年二月十五日）今日諸生は東海へ日帰りで出かけた由、その人数はわからない」、「（二十五日）今日諸生六〇人ばかり下町酒門《さかど》の常禅寺（ママ）（定善寺）へ会集する。しかし上町の諸生は今は靜かにしていた方が得策と考えているとのこと」、「（三月十三日）昨日上町・下町の諸生六〇人ばかりが千波原で集会を開き、藩庁へ呈書の目論見《もくろみ》があるということだ」、

「(六月七日)今日上町・下町の諸生が大勢青柳(青柳町)で会集のよし」などとみえるのは、こうした諸生の行動を示すものである。

右の『石河明善日記』からも、城下の諸生の行動が上町と下町とでは一致しない場合のあったことがわかるが、当時の諸生の立場を大別すると、一方に尊攘運動に挺身する激派諸生、他方に市川三左衛門らいわゆる門閥派重臣を支援しその指揮下にある諸生(以下かれらを門閥派諸生と呼ぶことにする)がおり、その中間に尊攘派ながらさきの戊午の密勅の取扱いをめぐって激派と袂を分った鎮派の諸生がいる、という構図になる。この鎮派の諸生は、会沢正志斎はじめ教職の大方を支持しており、人数のうえでもかれらがもっとも多数を占めていたと考えられる。

万延・文久期の教育活動

藩庁は、安政六年十二月の、密勅返納問題で揺れた城中大評定のあと、何とか教育の正常化をはかりたいと考え、翌七(万延元)年一月十六日に年始行事、二十日に青山延寿門人の素読吟味と布衣・物頭の講釈聴聞、晦日に藩主慶篤の御筆拝見を行った。

しかしすでに述べたように、二月には激派による長岡屯集、三月には桜田門外の変が起こり、落着いて教育活動ができる状態ではなかった。

藩庁は、閏三月十二日になって授業をはじめたいと考えていたようであるが、実際にそれがはじまったのは四月になってからで、その後は講釈聴聞、武芸見分ともほぼ定例に行われたとみられる。

六月、教職による諸生の出精状況調査が行われた。学館の「日記」七月二十一日の条には、「太田誠左衛門殿、杉浦羔二郎《こうじろう》殿が登館になり、武館の居合術の棟をご視察になったが、誰も居なかったので、文館へお廻りになった」とあり、床井庄三（親徳）の日記（『秘笈日記』）八月五日の条には、「当時は学校も衰微していて文武合わせて二〇〇人たらずしか登館していない。教授頭取も大いに心配している由」とみえる。この記事から察すると、藩庁・教職の期待にはほど遠い状況だったのであろう。八月十五日、斉昭が急死すると、その喪に服するため、翌十六日から十月八日まで文武の教育は一切停止となった。

十月三日、藩主慶篤は、文武の引立てについて親書を下し、九日に再開となったが、藩庁はこのさい、本開館の時に定めた朝文夕武の法を改めて確認する通達を出した。

文久年間（一八六一～六三）に入ると、鎮派諸生、門閥派諸生、激派諸生それぞれが、自派の主張を唱えて館外での政治活動を活発化させていったのであるが、所定の課業はともかくも実施されていたとみられる。

しかしそれでも、登館者の減少はさけられず、文久元年度についての、文館の登館日数調査によれば、文館諸生二三八人（内訳、舎長・居学生一八人、講習生二一五人、講習別局五人）のうち、年間登館日数二〇〇日を越した者は居学生一人（手塚鉄平）、講習生二〇人（最多登館日数は大橋金太郎の二二八日）であった。

この結果に基づいて教職は、舎長一人、居学生八人、講習生二三人の褒賞候補者を選んで青山教授頭取に上申、青山の決裁後、藩庁はこれを審査し、文久二年六月二十九日付で舎長の安松仙介に白銀三枚、居学生の鈴木清一郎、松葉誠蔵、手塚鉄平の三人に白銀二枚、をそれぞれ下賜している。講習生で賞賜を受けた者はいない。大橋が受賞者から漏れた理由は不明である。

それにしても、年間登館者の名簿に記載された文館諸生が二三八人とは意外に数が少ない。仮開館まもない天保十二（一八四一）年十月から翌年一月ころの文館登館者が一〇〇〇余人であったことを想起すると、今はその四、五分の一ほどしか登館していないということになる。

武館では、文館よりは登館者が多かったと推測できるけれども、教育活動が比較的順調に行われたとみられる文久年間ですら上述のようであるとすれば、学館の衰微は明白である。青山教授頭取は、「学校の教えとは又別に一派をもうけ、乱暴も苦しからずと少年に教え込む者があるので致し方ない」と歎息している。

諸生の動揺と登館者の減少のつづく学館では、本開館のさい定めた朝文夕武の法も守られなくなっていたようである。文久二年八月ころには、本開館以前のように文武を午前と午後に並行して行う「文武同刻」に戻すべきだという意見が武館の師範から高まった。これに対し青山教授頭取と会沢教授は、「文武同刻」は「烈公様御意」に反するので採らないでほしい、と藩庁に申出ている。

もっとも「文武同刻」を求めるこの動きは、万延元年十月九日の再開にあたってわざわざ「朝文夕武」を確認する通達を出したときにすでに現われていたとみられ、その後も藩庁が「文武同刻」の通達を出すことはなかったようであるが、翌三年八月、教授頭取宛に、「弘道館修業の時刻については、朝文夕武というかねての定めのとおりであるから、その旨心得るように」とする主旨の通達を出しているところをみると、それが遵守されていなかったように考えられ、またこの通達の効果のほども疑わしい。

なお、これまで水戸藩政局の焦点となっていた戊午の密勅の返納問題は、桜田門外の変後、幕府が公武合体政策を採ることになったのでその返納圧力が弱まり、さらに文久二年一月の坂下門外の変で老中安藤信正が負傷して退くと、朝廷の権威の高まるのと反対に幕府の威信は一段と低下して返納要求はいつしかうやむやの状態となった。

このような政情のもと、慶篤はまず、前年五月におこった東禅寺事件の責任をとるかたちで謹慎を命ぜられていた元用達武田耕雲斎・大場一真斎を復職させ、ついで玉造勢二〇余人を放免するなど尊攘派復権に努める。そしてさらに、同年十二月、密勅を奉承し、諸大名にこれを布告した旨を藩内に通達し、幾多の大事件をひきおこす震源となった戊午の密勅一件はここにようやく終息したのである。

八、天狗党の乱と諸生の動向

藩主慶篤の上京と帰府　幕府の威信低下とは逆に、当時の京都では朝廷の権威が高まり、公武合体から攘夷へと藩論を転換した長州藩を主力とし、これに続々と上京してきた諸藩の大名や志士らが加わって、尊王攘夷の気運は大いに盛りあがっていた。政治の中心はすでに、江戸から京都へ移った感さえあったのである。

実はすでに文久二年十二月、将軍家茂《いえもち》は朝廷に対し、みずから上京して攘夷の方策について言上すると約束していたので、その約束に従って翌三年三月、三〇〇〇の兵を率いて上京した。

このとき、将軍後見職の徳川慶喜は将軍の先発として、また水戸藩主徳川慶篤はその後発として、ともに上京を命ぜられた。慶喜には武田耕雲斎をはじめ梅沢孫太郎、梶清次衛門、大胡聿蔵《だいごいつぞう》ら数十騎が従い、慶篤には、弟昭訓《あきくに》（余四麿）ら一〇〇〇余人が従ったが、この中には藤田東湖の四男小四郎（信《まこと》）も加わっていた。上京した慶篤一行は、西本願寺北の本圀寺《ほんこくじ》を屯所とした。

このころ江戸では、生麦事件の賠償金についてイギリスと交渉中だったので、幕府はすみやかな将軍の帰府をのぞんだものの朝廷はこれを許さず、攘夷の期限をはっきり示すよう求めた。そのため将軍の代りに慶篤が将軍目代《もくだい》として江戸に帰ることとなり、四月、到着した。ただし、昭訓は京都に留まって耕雲斎らがこれを補佐するとともに、総勢一二〇人ほどが従うこととなった。この一体を本圀寺勢と称する（しかし昭訓は十一月、一六歳で病没）。

まもなく将軍は、攘夷の期限を五月十日とすることを約束しなければならなくなり、慶喜は攘夷実行のために江戸へ帰りたいと申出て許され、五月帰着した。耕雲斎も慶喜の要請を受けて帰府することになり、慶喜より一足先に江戸に着いた。翌六月には将軍が海路をとって江戸へ帰ることができた。

40. 晩年の徳川慶喜（弘道館内掲示）

ところが、その二か月後におこったいわゆる八月十八日の政変により、攘夷主義の長州藩主導の京都の政情は一変し、かわって薩摩・会津両藩を中心に公武合体派が実権をもつに至った。このとき朝廷は、諸大名との公武合体の実をあげさせようと将軍と慶喜に再度の上京を命じた。これに対し幕府は、目下横浜を鎖港すべく外国と折衝中なので再上京には応じかねると回答した。攘夷実行の約束を果せないままの幕府は、せめて横浜一港だけでも閉鎖できれば違勅の責をいくらか緩和できるのではないかとみて、九月からアメリカ、オランダと折衝をはじめており、十一月にはそのための使節をヨーロッパに派遣することになっていたのである。

それにもかかわらず朝廷は重ねて将軍と慶喜の再上京を強く要求したので、幕府もこれに従わざるをえず、将軍は十月に、慶喜は十一月に、京都に入った。朝廷は、慶喜に本圀寺勢の指揮を命ずるとともに、弟昭武《あきたけ》の上京を求めた。実は、昭訓の発喪をまだ公表していなかったから、その看病という名目で昭武の上京を促したのである。

このころ藩内では、激派多数が湊・小川・玉造の三郷校を拠点に、攘夷の実行、具体的には横浜鎖港を目指して集結しており、これに八月十八日の政変後、京都を脱出した諸国の急進派も加わる動きをみせた。三郷校にはそれぞれ数百人の屯集者がいたようで、もっとも多い小川には七〇〇人にものぼるという。

幕府はこの情況を重くみて取締りの強化にのり出し、先に帰府した武田耕雲斎の水戸下向を命じてこれに当たらせることにした。

小四郎と耕雲斎

文久三年三月、藤田小四郎が上京したときの京都は攘夷断行の熱気が立ちこめていた。小四郎はその京都で長州藩の桂小五郎《かつらこごろう》（木戸孝允《きどたかよし》）や久坂玄瑞《くさかげんずい》らと会って攘夷の信念を強め、五月慶喜に従って江戸へ帰ってきた。幕府はこのときすでに、五月十日を期して攘夷を実行すると朝廷に約束していたので、小四郎はそれに大きな期待をかけながら帰府したのである。

しかし、幕府が攘夷に踏み切れないでいるうちに八月十八日の政変となり、その実現はいよいよ遠のかざるをえない情勢となった。

小四郎は、再度京都に上って幕府の違約を朝廷に訴えようとし、その胸中を同志山国兵部《やまぐにひょうぶ》（目付）に打ちあけたものの、思い止どまるよう強く説得されたので断念し、その策に代えて幕府に攘夷決行を促すため筑波山に挙兵することを計画、武田耕雲斎の理解を求めた。しかし耕雲斎にも時期尚早と反対された。

とはいえ小四郎は、このときすでに長州・因幡《いなば》（鳥取）両藩の同志と密約ができていたようで、挙兵計画を進めるべく水戸へ潜入した。そして斎藤佐次衛門らと謀り、挙兵のためには府中（石岡市）に拠点をおくのがよいと考え、小川・潮来などへ往来し、竹内百太郎（安食《あんじき》村〈かすみがうら市〉）、岩谷《いわや》敬一郎（宍倉《ししくら》村〈同〉）らともひそかに協議を重ねた。小四郎はこの前後、下野《しもつけ》・上野《こうずけ》へも出かけて同志の糾合をはかるとともに、資金調達にも余念がなかった。

一方、幕府から激派の鎮撫を求められていた耕雲斎は、現地に赴いて郷校屯集者への説得をつづけながら、かれらを監視する拠点として潮来に鎮台を設けることとし、幕府から資金の提供を受けてこれを建設した。しかしこれにより鎮撫が成功したのではなく、鎮台建設中から数百人の激派がぞくぞくと潮来地方にやってきて攘夷を叫んでいたので、実情はむしろ激派を当地方に集結させ勢いづかせる結果となった。

資金の提供を受けながら一向に鎮撫の実をあげられないことに困惑し、弁明のため江戸へ登ろうとした耕雲斎に、府中で面会を求めた小四郎は、「攘夷の実行はできるのか。もしできないのならせめて藩論を攘夷に統一してから出府してほしい」と詰問した。これに対し耕雲斎が、「出府のうえは必ず攘夷を決定する」と応じたので、小四郎は道を開き、耕雲斎は江戸へ上ることができたという。

筑波山挙兵

着々と挙兵準備を整えてきた小四郎は、山国兵部の実弟で町奉行（水戸）の田丸《たまる》稲之衛門《いなのえもん》を頭首とし、三月二十七日、筑波山で挙兵することに決めた。同志の一隊は六〇余人で、まず府中新地の鈴宮稲荷に詣でたあと、わざと隊伍を組まず、三々五々筑波山へ向かった。

小四郎と竹内百太郎は一隊より先に筑波山へ入り、一隊の到着を待つ手筈になっていたようである。一隊が筑波山大御堂（阿弥陀堂）へ集結したときには、途中、小川・潮来からきて加わった者も含め百数十人に増えていた。

小四郎らはそこで、日光東照宮の神廟に、われら攘夷の先鋒とならん、と祈願することを決議、日光山へと向かった。挙兵となれば幕府から追討を受けることを覚悟しなければならないが、東照宮への祈願という理由をたてれば幕府といえども簡単には手出しできまい、という判断があったのであろうし、またかねて攘夷に好意的だった宇都宮藩の尊攘派有志との連携をはかろうとする思惑もはたらいていたとみられる。もとより幕府は、水戸藩庁に対し、筑波勢を厳重に取締まるよう訓令した。

筑波勢の日光行きを知らされた日光奉行小倉正義（但馬守《たじまのかみ》）は驚き、参詣は認められないと怒ったが、宇都宮藩家老県《あがたのぶつぐ》信緝（勇記）の斡旋で小四郎ら代表者の参詣のみが実現した。

41. 筑波山遠望

42. 筑波山大御堂

筑波勢は日光で全国の有志に決起を呼びかける檄文《げきぶん》を発して四月十六日に下山し、太平山《おおひらやま》(栃木県栃木市)に滞陣した。このころ二〇〇人を越した一隊はさらにふえつづけ、五月末には四〇〇人に達したという(筑波勢とその後これにくわわる勢力を含め、その一隊を以下では天狗党と呼ぶことにする)。

幕府の訓令を受けた水戸藩庁は、山国兵部らを太平山に派遣し、領内に戻るよう説得したけれども、効果はなかった。この間、天狗党に好意的だった宇都宮藩内では家老の県らが辞職に追い込まれるなど反対派の勢力が強まったので、天狗党はやむなく太平山を降り、六月上旬には筑波山へ戻ることになる。

諸生の願入寺集会

小四郎ら激派が筑波山に挙兵した直後から、弘道館諸生の中にはその追討をはかろうとする動きがみられたが、なお鎮派と門閥派との間には意見の開きがあって一致した行動に踏み切れないでいた。

しかし、城下に天狗党の動静が次々と伝えられるなか、五月上旬になると、この情況を座視しているわけにはいかないとして、諸生五、六〇人(一二〇人という記録もある)が大洗(大洗町)の願入寺に集会を開くに至った。集会の場所を願入寺にしたのは、そこが南郡屯集の激派を牽制しながら、城下の形勢をも察知できる利便の地と考えたからであろう。集会の諸生は「弘道館諸生共」の名義で藩庁に次のような建白書を提出するとともに、これをひろく配布して同志を募った。

生前烈公(斉昭)は、みずから『告志篇』を著し、眼前の君をさしおいてただちに天朝、幕府へ忠義を尽そうと思うのは僭上《せんじょう》の罪のがれがたい旨を述べ、戒められたのである。しかるに、近頃は狂暴の士民が尊王攘夷に名を借りて、代々厚き御恩を受けている君（藩主）をさしおき、おのおのの分限を忘れて天朝の御明徳をないがしろにし、他国浮浪の徒と悪徳をかたらい、領内の罪なき良民を苦しめ、徳川親藩の臣下としてみだりに将軍家を軽蔑し大逆を企てている。士民の恥辱この上ないことで千載《せんざい》の汚名である。今この時に当たり、逆臣を討伐しなければ何をもってか地下の烈公にまみえることができようか。

この建白書への激派の対応はすばやく、十四日には城下柵町と七軒町の制札場にそれぞれ「正義中」あるいは「報国赤心至誠至忠有志連」の名をもってする二通の反駁の張り紙が出された。このうち前者では、城代鈴木重棟《しげむね》（石見守）、朝比奈

43．願入寺本堂（大洗町）

弥太郎、市川三左衛門、佐藤図書の四人の門閥派重臣が願入寺集会の「姦生」どもを煽動して人心を惑わしているので「天誅」を加えることも辞さず、と宣言し、後者には、「尊王攘夷」の「天下の大義」をわきまえない、上は鈴木石見守から下はこれに与《くみ》する諸生に至るまで皆殺しにせざるをえず、「さらには幕府を討ち、夷狄を掃い、王室を復古せしめん」とする、激越な文言が記されていた。

この二つの張り紙からは、願入寺集会の諸生の背後にいてかれらを操っているのは四人の門閥派重臣だという認識がよみとれ、またこの時点で激派の一部には討幕さえ目論んでいた者があったことが知られる。この張り紙が出されたとき、天狗党は太平山滞陣中であったから、かれらのなかに城下への潜入者がいたとは考えにくく、その書き手は城下に潜んでいた激派か、小川・玉造あたりに屯集していた者であろう。

この二つの張り紙に諸生は早速、「幕府を討伐するなどとは至愚至極の者」と記して反駁した。このような相互の応酬のうちに諸生の間には門閥派、鎮派の別を越えて天狗党追討という一点において急速に共同行動をとる必要性についての認識が形成されていく。もとより鎮派としては、門閥派重臣が権力を握る事態を警戒していたのであるが、天狗党追討という共通目標達成のためには一時的に共同歩調をとることもやむをえないと考えるに至ったのである。

その結果、五月二十六日には城南の千波原《せんばはら》（水戸市千波町）に、市川・朝比奈・佐藤ら門閥派重臣、大番頭渡辺半介ら鎮派の有志、弘道館の文武師範と諸生、それに願入寺の屯集者ら、およそ五〇〇人が集会を開き、江戸へ登ることを決議すると、即日出発、諸生は銃、槍、長刀などを携え、白布に諸生を意味する「生」の字を書いて肩章とした。一行が江戸駒込の藩邸に到着したのは二十九日である。

市川らが権力握る

藩主慶篤は六月一日、出府した市川・佐藤・朝比奈と、在水戸家老戸田忠則（忠敞子息）、同大久保甚五左衛門を用達（執政）に、渡辺半介を若年寄（参政）に任じた。このため市川・佐藤・朝比奈が実質的に藩政の実権を握ることになった。市川らは天狗党追討を名目として諸生を率い出府しながら、すぐには追討の挙に出ず、幕閣と結んで尊攘派排斥につとめ、とくに武田耕雲斎を天狗党挙兵の首謀者ときめつけてこれを断然厳刑に処すべきである、と主張した。

慶篤はすでに五月二十八日、目付山国兵部とともに用達武田耕雲斎にも致仕謹慎を命じていたものの、厳刑をという申出には応ぜず、耕雲斎には内命を伝えて水戸に退去させた（山国は江戸に留まる）。

こうした人事に不満を強めた鎮派の渡辺半介は、市川らを水戸へ追い帰すよう求めたが、市川らには対抗できず、まもなく若年寄を免ぜられ、大番頭に戻った。

この間、天狗党は六月上旬ふたたび筑波山に集結した。この頃の総勢およそ五〇〇人という。しかしこれは本隊で、攘夷の目的実現のためには討幕すらやむなしとする田中愿蔵《げんぞう》は、すでに結城で同志とともに本隊から離れ、栃木町（栃木市）へ向かった。田中隊は、足利藩の栃木陣屋に金銭を要求し、拒否されると陣屋を襲撃したばかりか、六日、市街に放火し、このため市の大半が焼け野原となった。田中隊は栃木から真鍋宿（土浦市）へまわり、金穀を強奪しながら二十一日この宿をも焼き打ちにした。

このような乱暴なふるまいは、人々に恐れられ恨みをかったことはいうまでもないが、幕府に天狗党討伐への恰好の口実を与えることにもなるのである。

幕府が、栃木焼き打ち事件のあった直後の九日、関東諸藩に天狗党追討を命ずるや、水戸藩もこれに同調し、十七日、陣将となった市川三左衛門は藩兵数百人を率いて出発、途中で幕府・諸藩連合軍数千人と合流して結城（結城市）に至り、ここに布陣して態勢を整えた。

一方、市川ら門閥派が権力を握ることに我慢ならないとして、水戸の用達榊原新左衛門ら鎮派は、六月十七日、市川らの重用は斉昭の意志に反するもので慶篤を諫めなければならないとして出府、このとき、用達大久保甚五左衛門も召に応じてやはり江戸に向かった。

榊原らの出府に従って、士民有志の南上する者きわめて多く、用達戸田忠則、藤田健次郎（小四郎の異母兄）らをはじめ、さきに謹慎の命を受け水戸に帰っていた武田耕雲斎も、二人の子息彦衛門・魁介らを連れて江戸へ向かった。

しかし、佐藤図書らが幕府と結び、松戸・千住などに関門を設けて耕雲斎の江戸入りを阻止したので、耕雲斎はやむなく小金に留まることとなった。

榊原・大久保らは江戸藩邸に入ることができたけれども、藩士を鎮撫すべしとしてただちに水戸へ帰るよう命ぜられ、二十四日、やむなく江戸を発った。しかし、小金宿あたりで続々と南上してくる藩士らに出会い、かれらに励まされた榊原らは踵《きびす》を返して藩邸に至り、斉昭の遺志を強く訴えたので、慶篤はやむなくこれを聞きいれ、七月一日、用達佐藤・朝比奈を罷免した。慶篤が態度を急に変えたのは、幕府内で横浜鎖港に好意的な水野忠精《みずのただきよ》（和泉守）が主導権を握り、市川らを排除すべしとする圧力を加えたからであろうと察せられる。

市川勢の水戸城占拠

結城に滞陣の市川三左衛門率いる市川勢は、七月七日の高道祖《たかさい》（下妻市）の戦いでは勝利を収めたものの、七月九日の下妻の戦いで大敗を喫した。市川は、幕軍とともに江戸へ退却する途中、自派諸生百数十人を率いて水戸へ帰ろうとしていた佐藤・朝比奈が武州杉戸駅（埼玉県杉戸町）まで来たのに出会った。市川・佐藤・朝比奈はそこで進退を協議した結果、江戸の藩邸の勢力が一変してしまったうえは江戸へ帰ることは危険とみて、ともに水戸へ向かうことを決めた。総勢は四百数十人という。

市川らが水戸城に入ったのは二十三日である。一日おくれて渡辺半介率いる諸生二〇〇余人、戸田・藤田率いる一〇〇余人も帰水した。渡辺らの帰水は、士民大挙しての南上で国許が手薄になることを憂えた慶篤の命によるものである。

水戸城に帰るや市川らは、城代鈴木重棟（石見守、用達）とともに実権を握り、潜伏する激派を捕え、天狗党の家族を虐待する一方、城下の警戒を強めて天狗党の報復に備えた。渡辺らは、市川らが藩政を牛耳る事態をふかく憂慮しながらもいかんともしがたかった。

さきに下妻の戦いで勝利をおさめた天狗党は、近く大規模の追討軍再来は必至とみて、一日も早く当初の目標である攘夷の実行を果たそうと横浜へ向かうべく筑波山をおりて府中・小川（小美玉市）方面へ移動しつつあった。そのとき、城下の家族や同志がひどく虐待を受けているとの報に接し、去就に迷ったが、このさいは家族の救出こそ優先すべしとする小四郎の決断で水戸へ帰ることになった。

天狗党は、城下藤柄町《ふじがらちよう》口と酒門《さかど》口の二手から城下への進攻を試みたけれども、市川勢の堅い守りに阻まれて水戸城へ入れず、長岡をへて府中へ引きあげた。

このような状況を知った慶篤は、士民の騒然たる空気を何とか和らげようと、支藩である宍戸《ししど》藩主松平頼徳《よりのり》を目代《もくだい》として水戸城に派遣することにした。当時幕府は、長州征伐の準備に忙しく、また名古屋（尾張）・和歌山（紀伊）の両藩主も折から帰国中で、三家の当主で江戸にいるのは水戸だけだったから、慶篤は自藩の内紛のために将軍補佐の任を放棄できないという事情があったのである。

頼徳は八月四日、榊原・大久保らを従えて江戸を出立、その数は数百人といわれ、この一行を一般に大発勢《だいはつぜい》と称する。一行には、途中から、江戸へ入れずにかねて小金駅周辺に屯集を余儀なくされていた南上士民らが加わり、また堅倉《かたくら》宿（小美玉市）からは小金に滞在していた武田耕雲斎一行が合流、さらには耕雲斎とともに致仕・謹慎を命ぜられながら江戸に留まっていた山国兵部も頼徳のあとを追って下向、大発勢と行動を共にする。これらを合わせると総数およそ三〇〇〇人にも達したといわれる。

しかしこの大発勢は、市川らの拒否にあって水戸城下に入ることはできなかった。そこでやむなくいったん城外吉田村（水戸市）の薬王院に止まっていたが、多数の宿陣には不都合なため、水戸の外

44. 薬王院本堂（市内元吉田町）—重要文化財—

港というべき湊村（ひたちなか市）へ向かい、ここに滞在することになった。

八月中旬からは小四郎率いる天狗党が、府中・小川方面から湊へ来て耕雲斎らを支援すれば、七月末、天狗党を追って江戸を出立していた常野追討軍総括田沼意尊《おきたか》は、笠間（笠間市）をへて水戸城下に入り、弘道館を本営とした。

その後、幕府軍と水戸城兵、それに諸藩連合軍は、大発勢・天狗党を追って湊へ向かい、十月下旬までここで激烈な戦闘がくり返された。この間、頼徳は幕命により投獄され、十月五日には切腹、二十三日、榊原ら大発勢一〇〇〇余人も幕軍に投降する。

湊村での戦いに敗れた天狗党一〇〇〇余人は、北行して久慈郡大子《だいご》村（大子町）に集結、この地で武田耕雲斎を総大将とする一隊の再編成を行うとともに、禁裏守衛総督徳川（一橋）慶喜を頼って京都に上り、一隊の宿願である「尊王攘夷」を直接訴えることにした。

天狗党は十一月一日大子村を出立、厳寒の時節、きびしい軍律のもと苦難の行軍をつづけ、越前新《しん》保《ぼ》宿（福井県敦賀市）までたどりついた。このとき、慶喜自身が鎮圧のための兵を率いて出陣したことを知った。進退極まった一隊は、十二月十六日、耕雲斎以下八二三人が金沢（加賀）藩に降り、ここに天狗党は潰滅《かいめつ》する。

各派諸生の人数

すでに述べたように、諸生には大別して三つの派閥があった。天狗党が挙兵すると、その追討という共通目標のもとに門閥派と鎮派の諸生はいったん共同行動をとって、五月末には五〇〇余人が出府した。しかし、市川らが権力を握って藩の要職を独占すると、鎮派の渡辺らはこれを不当としてふたたび分裂状態となった。市川が自派の諸生を率いて天狗党追討に向かい、下妻の戦いで敗れて江戸に帰る途中、折しも藩政から斥けられて江戸へ帰ろうとする佐藤・朝比奈らと杉戸駅で合流したとき、その数四百数十人というから、門閥派の諸生はおよそ四、五百人とみてよいであろう。

これに対し鎮派の諸生は、渡辺が水戸へ下るときに率いた人数が二〇〇余人、戸田・藤田が一〇〇余人であったから、合計三〇〇余人になるが、なお榊原らの江戸残留組も加えれば、ほぼ同じかあるいは鎮派の方が多かったかもしれない。

しかし、市川らが水戸城へ帰り、一日おくれて水戸に入った渡辺・戸田・藤田らと、はからずもまた天狗党入城阻止のための共同行動をとらざるをえない事態となると、鎮派の諸生はひきずられるようにして市川らの指揮下に組み入れられていったのである。

ともあれ、天狗党挙兵以後、文武の教育はほとんど休止状態だったのではないか。もっとも、青山延寿の日記によれば、七月下旬まで延寿（助教）は定期的に登館しているから、残留組の諸生の教育はわずかながら行われていたようにも考えられる。延寿の日記には、市川が水戸城に入る五日前の七月十八日の条に「当分の間、講釈・聴聞は休みとなるので、教職中へも伝えておくように目付方より通達のこと」との記事があり、延寿自身その後はもっぱら城中に詰めて不寝番などを勤めることになった。したがって七月十八日以降の教育活動はまったく行われなかったとみることができる。

九、維新・藩末期の学館

教育活動の再開

市川三左衛門ら門閥派の重臣が実権を握った藩庁は、天狗党の乱が鎮圧されたことで弘道館の教育再開に向けて動き出し、慶応元（一八六五）年一月、次のような通達を出した。

弘道館文武修業のことは、賊徒追討中にてしばらく中断していたが、藩主慶篤の御慎みが明け次第、例年どおり開くことにするのでその旨心得るように

文中の御慎みとは慶篤が元治元年十二月十三日、藩内への通達のなかで、天狗党を取締まれなかった責任をとり、幕府へ伺いを立て、みずから謹慎する旨表明したことを指している。したがって、一月の時点で教育活動がはじまったわけではないけれども、「否塞録《ひそくろく》」（上下二巻。文久三年九月から明治元年一月に至る水戸藩政の記録）には、

この頃（慶応元年二月頃）幕府から小石川藩邸の小門を開き、藩士の文武修業のことは藩主の慎み

中でも実施してよい旨通達があったそうだ

という記事がみえるから、江戸の弘道館ではまもなく再開のはこびとなったのではあるまいか。元年二月二十五日付で、水戸弘道館の教職人事が発令され、教授には内藤弥太夫（耻叟）と佐々木六太夫（佐々木は二十八日付で教授頭取代）、助教には小宮山綏介《こみやまやすすけ》ら四人、訓導には久米孝三郎（幹文）ら四人が任ぜられた。

　このときの人事では、全部で三二人の新任者があったが、さきの願入寺集会のときの檄文起草者ともいわれる内藤が教授に登用されたのをはじめ、門閥派ないし反尊攘派が学館でも力をもつようになった。このとき教授頭取の青山延光は留任したものの、五月には罷免されている。

　同年三月、慶篤はまた次のような通達を出した。

文武は武士の大道であり、生涯怠りなく励むべきものであるが、近来学問の方で異説を唱え、教諭方の本意を失っている向きがあるのはもってのほかのことだ。今後は朱子学を学ぶようにせよ。武術の方は先代から当家に伝わった通

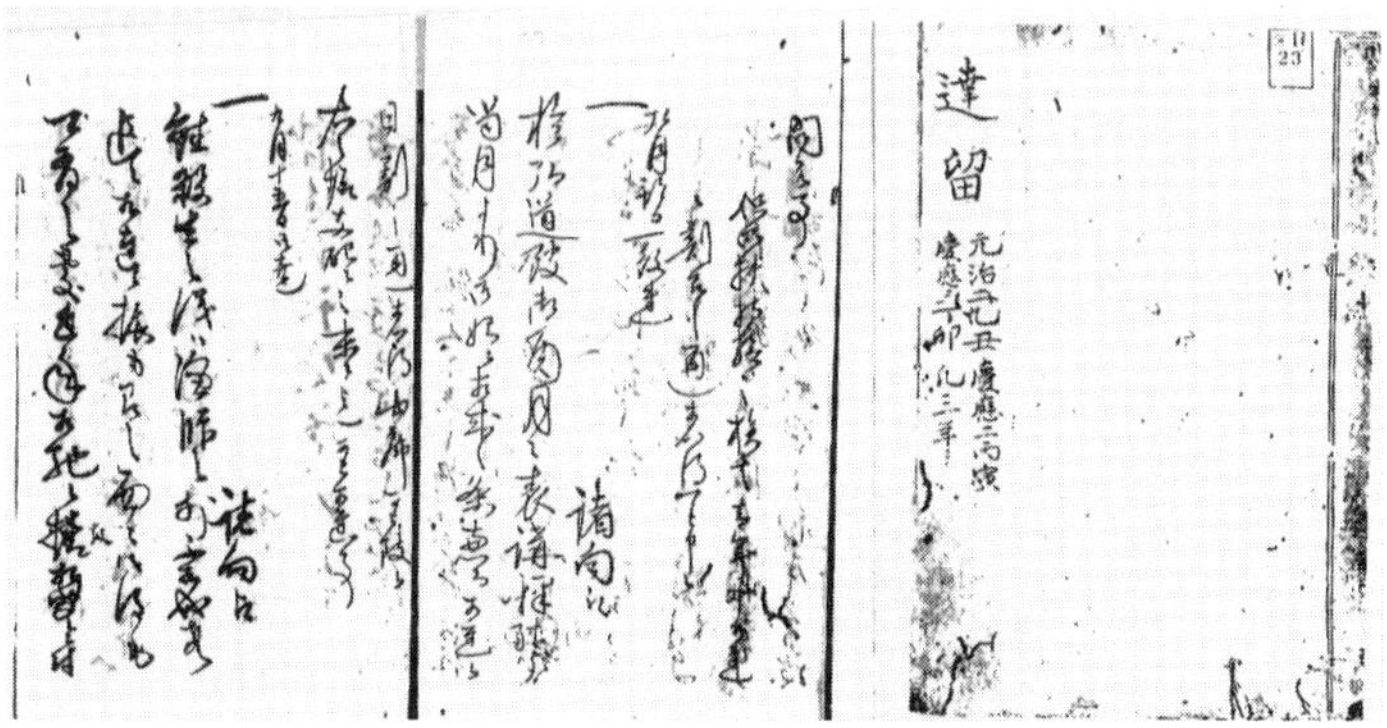

45．元治2年「達留」（茨城県立歴史館蔵）

りを学ぶべきで新規の術をしりぞけ実用第一に修業するようにせよ

この通達は、門閥派の友部八五郎らの起草によるといわれるが、ここで、いわゆる水戸学を「異説」として排斥し、水戸藩では「朱子学を学ぶように」としたことが注目される。それは従来の「弘道館記」を基本とした教育が尊王精神を高めて尊攘派を育てた温床になったとする反省から出たことであったろう。また武術についても、斉昭が考案し、弘道館武芸の中心であった神発流砲術への反感が「新規の武術をしりぞけ」よという文言となって表われていると考えられる。

門閥派による鎮派弾圧

門閥派としては、学問・武芸の面でも改革派・尊攘派色を一掃しなければならなかったが、学館の外でも、市川らの、鎮派を含む尊攘派への憎しみは依然強烈に残っていた。十月、元若年寄岡田徳守ら一七人が死刑に、また元家老尾崎為貴に蟄居、杉浦羔二郎、三木陸衛門ら一三人が禁獄に処せられた。しかし岡部らの死刑執行は門閥派内部からも苛酷にすぎるとの批判がでるほどで、この大量処刑は藩内の動揺をひき起こした。

幕府は、苛酷な処罰を批判するとともに、藩内の混乱を収めるよう命じ、慶篤もこれを受け、鎮派の挙用も視野に幕府の意向に添う藩政の刷新を目指そうとした。

しかし、鈴木重棟とかれに同調する諸生らはこれに反撥し、慶応二年三月はじめから八日にかけて学館に集会し、諸生らは市川・朝比奈に率いられて江戸に向かうことになった。

この動きを知った慶篤は、諸生の集合と出府を戒め、内藤教授、佐々木教授頭取代に諸生の動揺を抑えるよう命じた。

それにもかかわらず市川らは、これを無視して出府し、当時慶篤の側近だった遠山熊之介の排斥に成功する。もっとも内藤の説得により出府を思い止まった三〇人ほどの諸生もおり、ここに至り、門閥派の指揮下にあった諸生は、幕府の意向を受け入れて藩政改革を進めようとする内藤派諸生と、断固これに反対し市川らに率いられて江戸へ出た諸生とに分裂したわけである。

ときに鎮派諸生は、門閥派主導の藩政を転換させるため、幕閣へ訴え出ようとしたが、事前にこれが露見して、桑原力太郎らが捕えられて禁錮、豊田小太郎（香窓）らは辛くも水戸を脱出した。

中山信徴の上京

このように門閥派藩庁の、鎮派弾圧の強まるなか、朝廷は六月十三日、附家老中山信徴《のぶあき》（備中守）に上京を命じた。この命が朝廷から藩政改革の指令を出すためのものと予期した江戸の家老は、目付を水戸へ送って中山の上京に先立ち、禁錮の身となっていた人々を許し、自宅謹慎の措置にしておくよう指示した。

しかし水戸の家老は、江戸の家老の指示を拒否するとともに、自派の諸生数十人を出府させて、これに抗議した。それればかりか、鈴木重棟、佐藤図書らの重臣もみずから出府すると報じたため、江戸の家老はこれを差し止め、慶篤は急使を派して市川・佐藤に謹慎を命じた。

門閥派重臣とその配下の諸生はこれを怒り、鈴木ら水戸の重臣は諸生八〇人ほどを率いて七月三日出府、残留組も学館に集合して気勢をあげた。

江戸と水戸双方で紛糾のつづくなか、十五日、中山は上京の途についた。中山が江戸を離れるや、鈴木らの抗議によって市川・佐藤らの処分は撤回されたというから、政情まことに混沌としたものがあった。中山上京の報が水戸にもたらされると、市川派の諸生はふたたび学館へ集まったが、内藤派の諸生はこれに加わらなかった。

上京した中山は、藩政を改革せよとの朝廷の命を受けてこれを承諾したが、その実行には幕府の力にたよるほかない旨を述べ、九月六日江戸に帰着した。

幕府は、十月十日、改革実行のため目付堀錠之助らを水戸へ派遣するとともに、鈴木重棟らを斥けるように、と伝えたが、もとより鈴木らがこれを受け入れるはずはなかった。

堀が水戸の弘道館に入ったのは十八日であったが、藩庁はすでに学館集会の市川派諸生を退散させており、十日には明日から文武の修業を開始するという通達を出していた。

もっとも、昨年十月の岡田らの処刑以来、動揺のたえない学館がこの通達で教育再開となったとは考えにくく、これは水戸の藩庁が堀を迎えるにあたり改革への意欲を示そうとするポーズだったのではあるまいか。このとき、先に排斥された遠山熊之介を起用して用人雇とし、内藤弥太夫を城付雇として堀を接待させたが、これも同様のポーズであろう。

諸生の東照宮集会

中山信徴は、内藤の出府を求め、これに応じた内藤と改革の具体策について協議し、ともに水戸へ下ってこれを実行しようとしたところ、鈴木らはこれに強く反撥し、内藤の身柄を拘留、まもなく水戸へ護送して禁錮するに至った。水戸の市川らも、幕府の力を背景とする内藤派の巻き返しを恐れ、時を同じくして遠山熊之介を禁錮に処するなど、江戸・水戸双方で内藤派幹部を弾圧した。

一方、先に学館を追われた市川派諸生は、十一月十八日から大挙して城下常磐山の東照宮に集まり、幕府による藩政改革反対を叫んで気勢をあげた。その数は数百人にのぼるという。二十日には檄文を藩内に配り、同志の糾合をはかった。これは元治元年五月の、願入寺集会の前例にならった一挙であるが、その折の檄文《げきぶん》を起草したといわれる内藤は、かつての同志の手で今や幽囚の身となっていたのである。

藩政改革実行のため意気込んで水戸に来た堀錠之助は、このような混乱に手をやき、二十一日には早くも江戸へ帰った。中山も下向をためらっていたので、ここに改革はまったく暗礁に乗りあげたかたちとなった。この状況のなか、板橋源介ら内藤派諸生数十人のように絶望して脱藩、江戸に走って岡山藩邸にひそみ、後日を期そうとする者もあった。

教育活動再開への試み

慶篤は、諸生の東照宮集会のことは知らされなかったが、幕府からかれらを解散させよとの訓令を受けてはじめて集会のことを知り、十二月五日、側用人を水戸へ遣わして強くこれを命じたので、中旬になって諸生はようやく退散した。

その後慶篤は、年末に用達佐藤図書を退職、謹慎させたが、翌慶応三年三月、幕府からさらなる改革を求められ、六月になって鈴木重棟の用達職を免じた。しかし、市川が藩政の実権を握っている状況に変化はなかったから、幕府の思惑通りに改革は進行しなかった。

藩庁は六月になって学館の再開をはかり、三日付で藩士に、

弘道館文武修業については、おいおい命じてきたところであるが、近頃修業者の数が減少している

と聞く。時節柄文武ともに出精のことが肝要であるから、父兄らはこれをよく心得て申し諭し、いっそう勉励するように

と督励するとともに、出精者の賞賜を考えているので該当するとみられる者は内密に申出るように、と通達した。

これにより学館は、四月二十五日、遠山十郎兵衛以下三三人を該当者とみて、その理由を付し、佐々木教授頭取代まで報告した。なお、このときとくに安政四年から訓導を勤めていた浅川安之允を馬廻に昇進させるように求めた。

この報告を受けた藩庁は、九月十一日付で遠山十郎兵衛を訓導に、十二月十六日付で浅川安之允を馬廻に任じたほか、佐々木教授頭取代を格式小姓頭取に昇進させ（九月一日付）、訓導秋山長太郎・同落合作兵衛両人に、教職数年出精の故をもって白銀を与えている（十二月十六日付）。諸

46. 現在の水戸東照宮（市内宮町）

生の賞賜については記録がなくわからないが、報告のない教職で昇進し褒賞を受けている者のいるのは市川派による自派引き立ての意味があったのかもしれない。

その間九月一日付で、藩士に毎月定例の講釈聴聞を開始すると告げ、同十五日付で、学校のことはかねて藩主の厚い配慮があり、文武とも出精すべきが当然なので、子弟はこれをとくと心得、修業に精励せよ。万一心得違いで怠けている者があれば、かねての通達のようにきっと咎めのあること、この旨もよく心得おくように

と通達した。しかし政情不安の募るなか、どれほどの実効力をもったかははなはだ疑わしい。

翌慶応三年十月十四日、前年十二月五日から将軍職にあった徳川慶喜が大政奉還を朝廷に奏請、翌日朝廷がこれを許可し、ここに江戸幕府は倒壊した。これにともない水戸藩の政情も一変する。

本圀寺勢の水戸帰還

すでに述べたように、京都では本圀寺勢と呼ばれる三〇〇人ほどの水戸藩士が滞在していた。本圀寺勢は文久二年あるいは三年に、藩主慶篤やその弟昭訓・昭武に随行して上京した人々である。

かれらは、大政奉還となった時点でもなお水戸藩が勤王の実をあげられないでいるのは、慶篤が市川ら「奸人ども」のいいなりになっているからであって、この「奸人ども」を排斥しなければならないと考え、帰水を願い出て許された。しかも、「奸人ども」を排斥すべしとする慶篤宛の勅書も手に入れることができた。

鈴木重義（縫殿《ぬい》）に率いられた本圀寺勢は、この勅書を奉じて明治元（一八六八）年二月、江戸に

着き、これを慶篤に渡した。当然在江戸市川派の抵抗が予想されたものの、王政復古の情勢には抗しがたく、市川派の多くはすでに水戸へ逃走していた。このため本圀寺勢はなんなく江戸藩邸に入ることができた。

市川派の水戸藩邸と藩主慶篤を擁する本圀寺勢の江戸藩邸との対峙のつづくなか、慶篤は、鈴木重棟、市川三左衛門、朝比奈弥太郎、佐藤図書、大森信任の五人に切腹を命じたが、もとより実行されるはずはなかった。

そこで三月十日、慶篤みずから水戸へ下ることになり、十二日には鈴木重義率いる一隊が藩主に先立って水戸へ向かった。慶篤は病をおして二十一日水戸に着いた。

鈴木重義らの一隊は、本圀寺勢を主体とするものの、天狗党の乱で諸藩に預けられていた者、岡山藩邸に潜んでいた者など総勢数百人にものぼるという。一方、天狗党に加わり、小浜《おばま》藩預けとなっていた武田金次郎（耕雲斎の孫）ら一三〇人ほども四月九日京都を発し、水戸へ向かった。五月末、江戸経由で水戸に来た金次郎らは、かつて家族が受けた仕打ちを深く怨み、市川派縁故の者数十人を殺害した。

これより先、市川・朝比奈・佐藤らに率いられた諸生五〇〇人余は、三月十日水戸を脱し、会津へ走っていたので、鈴木重義を陣将とする一〇〇〇余人の水戸藩追討軍が会津（福島県会津若松市）へ向かったが、白河で引き返し、兵備を整えて出直すことになった。市川勢はすでに会津を去って北越に向かったという情報をえたからである。

しかし、四月五日慶篤が水戸城で病死（三七歳）したため（発喪は十二月十四日）、追討軍進発はしばらく見合せることになった。

尊攘派の学館運営

慶篤のあとは、当時フランス滞在中の弟昭武が継ぐことになって、昭武は十一月三日に帰国、二十五日に襲封する。したがって、いわゆる戊辰戦争のさなか、水戸藩は藩主不在という異常事態だったわけであるが、前将軍徳川慶喜が四月十五日から静岡（静岡市）へ移る七月十九日までの約三か月、水戸弘道館の至善堂で謹慎の生活を送っていたから、水戸の士民にとってはいくらか心の支えになっていたかもしれない。

さて、市川勢が水戸を去って、藩内ようやく鎮静に向かったとみた尊攘派藩庁は、九日、明日から弘道館を開く、と次のように通達した。

明十日から学校を開く。学問については去る丑の

47．至善堂内部（正面は「要石」の拓本）

年に朱子学とする旨通達があったところ、先般政情一変したことゆえ、ふたたび「弘道館記」ならびに学則の趣旨を厚くわきまえ、実学第一に心掛けるべきこと。
一、武術については、もっぱら砲術・剣術を修業すること。その他の武術は余力があれば修業を心掛けること。
一、修業刻限については、十月から二月までは明け六つ時（午前六時頃）から九つ時（午後零時頃）まで学問を学び、九つ時から七つ時（午後四時頃）まで武術を学ぶ。三月から九月までは明け六つ時から九つ時まで学問、武術を共に学ぶこと。
右のように支配支配末々まで通達すべきこと

去る慶応元年の三月、朱子学を藩学とし、水戸学を「異説」として排斥したが、三年半たらずでふたたび「弘道館記」の理念のもと、「学則」にしたがった教育を実施するという。ただ、修業時刻を、十月から二月までは朝文夕武に戻しながら、三月から九月までなぜ文武同刻としたのか、その理由はわからない。

またこの前後、継続的に尊攘派復活の教職人事が行われ、しばらく空席だった教授頭取に青山延光が再任されたほか、教授に寺門政次郎、助教に近藤弥兵衛、彦坂任蔵らが任ぜられている。

弘道館の戦い

慶篤の死去によりしばらく見合わせていた北越追討軍は、元年七月下旬水戸を出立した。山口正定を陣将とする追討軍は、三条（新潟県三条市）から五泉《ごせん》（同五泉市）に至り、さらに会津へと兵をまわし、市川勢を追った。しかし、若松城陥落の直前、市川勢が会津を出て水戸へ向かったことを知り、このことを水戸城へ急報した。藩庁はすぐに馬頭村《ばとう》（栃木県那珂川市）と石塚村（城里町）へ兵を派遣したものの、二五〇人ほどの市川勢はこれを突破、九月二十九日水戸城下へ入り、三の丸の北側へ進んだ。本城を守る藩兵がこれを防ぐと、市川勢は十月一日弘道館を占拠し、ここに立籠った。市川らの本隊から離れて城下に入った朝比奈率いる一隊は、城北の杉山方面から柵町門を攻撃し水戸城へ入ろうとしたが阻まれ、この一隊も弘道館へ入った。

こうして大手橋を挟み、市川勢と城内の藩兵とが対陣することとなったが、藩兵が七つ時頃（午後四時頃）を期して攻勢をかけ、三隊に分れた藩兵は市川勢を包囲するように攻撃した。一時間ほどの激戦の末、勝敗はつかず日没を迎えた。

翌二日は、両軍対峙のまま、時折砲声とどろく程度で経過したが、夜半に及んで五〇人ほどになった市川勢はひそかに脱出、小川・玉造方面へ向かった。

この戦いで、藩兵は数十人の、市川勢は一〇〇人余の戦死者を出し、とくに市川勢の打撃は大きかった。

十月一日から二日にかけての弘道館の戦いは、水戸藩政争のいわば最後の決戦というべきものであったが、その戦いで天保改革の眼目の一つとして建設された藩校の庭を血に染めなければならなかったことは、いかにも政争の悲劇を象徴するような事件であった。

その後藩兵は、敗走する市川勢を追撃し、八日には八日市場（千葉県八日市場市）の戦いでこれを破り、市川勢はここに潰敗《かいはい》する。

48. 現在の大手橋（市内三の丸）—手前が弘道館、奥が水戸城址—

49. 正門の柱に残る弾痕

教育活動の終焉

明治元年十月の戦いで、文武両館が焼失したためしばらく教育活動ができなかったが、二年三月十五日から城中大広間において教授頭取代に新任された寺門政次郎・石川伝蔵らによる大広間講がはじまり、十一月五日から十一日にかけては新しく知藩事となった旧藩主昭武の、文武上覧が実施された。昭武は十月一日に水戸に到着し、十一月十八日に柵町御殿が新築されそこに移るまで弘道館に滞在していたのである。（昭武が東京へ移ったあと、御殿は五年二月から学館の寄宿生詰所となる）。

文武上覧は、五日に居学生・講習生、六日に講習生、七日に槍術（市川善太夫）、八日に槍術（師岡猪之介、大岩留吉）、九日に剣術（小沢三次郎）、十日に剣術（豊島虎之允、小川留之介）、十一日に神発流、という順序で行われた。

これより先、六月の版籍奉還後、明治新政府からの諸改革の指令を受け、水戸藩でも大幅な軍制改革、禄制改

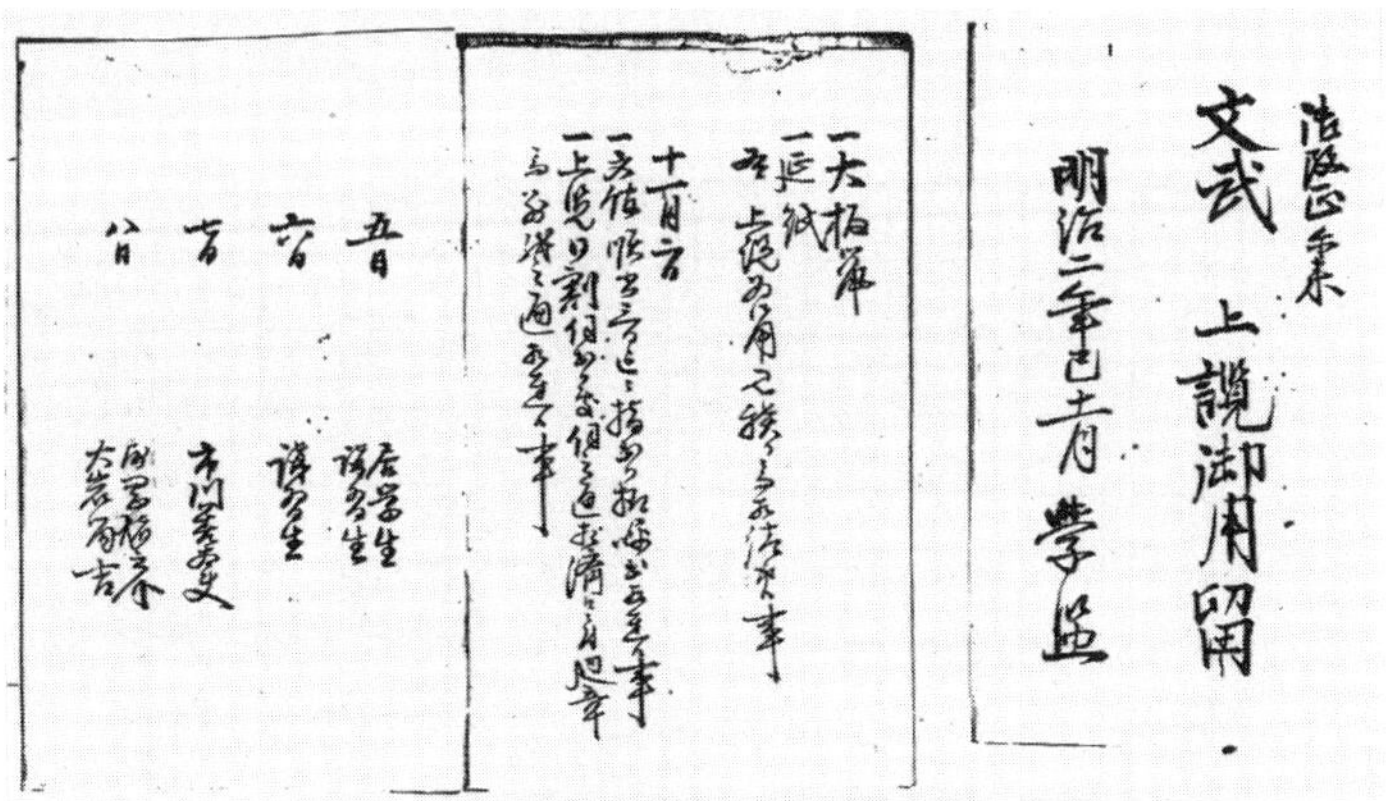

50. 明治２年「文武上覧御用留」（茨城県立歴史館蔵）

革、行政組織改革を行った。このうち行政組織改革によって、政事堂、神祇局、公務局、民政局などと並び、学校と称する一局が設けられ、そのなかで教授頭取は督学、武芸指南は武術教師となり（教授、助教、訓導の名称は従来のまま）、督学は第三等、教授は第五等、助教は第七等、武術教師は第八等、訓導は第九等にそれぞれ位置づけられた。

こうして学校の組織も、新しい体制のなかに組み込まれ再編されていったのであるが、このころには、焼失前とくらべればはなはだ小規模かつ造作も粗末だったとはいえ、文館（縦二〇間半、横五間。一〇二坪半）、武館（縦三〇間、横四間、一二〇坪）が再建されたようなので、城中大広間で行われていた講釈聴聞は学館内で実施されるようになったと考えられる。

なお、医学館は、三年二月から三の丸の太田資春（丹波守）の元屋敷を普請のうえ使うことになった。

四年七月、廃藩置県の詔書が出ると、文部省が設置され、十一月から全国の府県学校のすべてが文部省の管轄となり、教育の中央集権化も急速に進むことになる。廃藩置県にともない、五年一月から焼失をまぬかれた学校御殿と至善堂は茨城県庁舎となった（茨城県は、茨城・那珂・久慈・多賀・真壁の五郡を管轄）。

同月、学校の機構改革が行われて、学校が学校掛となり、そのなかに神祇・学校掛、校中雑務取扱、学校舎長、寄宿局長などがおかれ、神祇・学校掛には原田明善・藤田大三郎・大関亮之介、校中雑務取扱には小室虎三郎・小林廉蔵・石川伝蔵（寄宿局取扱兼任）・川崎長蔵、学校舎長には石河多気次郎・向坂進之介、寄宿局長には大胡丹蔵・住谷七之允がそれぞれ任ぜられている。

翌五年二月、大蔵省の係官が県庁に出張し、弘道館の現状について調査し報告するよう求めることがあった。これは、全国一斉に行われた学校調査の一環であったが、その報告によれば、教職は一三人、生徒は二八九人、教職のうち六人が学問塾（私塾）を経営し、入塾者総数は七三九人、武術講師は一六人、「生徒」総数は一一五三人であった。先に記した文武両館の建坪もこのときの報告によったものである。

同年四月十八日には、「生徒課業」が、二の日が居学生輪講、七の日が講習生輪講、五・十の日が講習生会読などと定められ、五月二日からは文武ともに六つ時（午前六時頃）から四つ時（午前十時頃）までの修業とし、文武同刻の方針が改めて示された。

こうしてようやく教育活動が軌道に乗ろうとしていた矢先の八月、学制発布となり、全国を八大学区、一大学区は三二中学区、一中学区は二一〇の小学区とする新制度の導入により、弘道館の学校としての機能は完全に停止される。三〇年あまりに及んだ水戸藩校弘道館の歴史はここに幕をおろすことになったのである。

弘道館関係略年表

西暦	年号	事項	参考事項
一八二八	文政一一	○この冬斉脩の継嗣問題表面化する。	○十二月、シーボルト事件おこる。
一八二九	〃　一二	○十月一日、斉昭擁立派の藤田東湖・会沢正志斎ら四〇人余無断出府。○十月四日斉脩没（三三歳。）○十月十七日斉昭九代藩主となる。	
一八三〇	天保元	○一月二十四日斉昭擁立派の藤田東湖ら処罰される。○四月、斉昭、藤田東湖・会沢正志斎らを郡奉行に任ずる。	○この年伊勢お蔭参り大流行。
一八三三	〃　四	○三月二日、斉昭はじめて就藩。	○この年大飢饉。
一八三六	〃　七		○この年大飢饉。
一八三七	〃　八	○七月三日、藤田東湖「弘道館記」の草稿を斉昭に提出する。	○二月、大塩平八郎の乱。
一八三八	〃　九	○三月斉昭の名で「弘道館記」を公表する。	
一八三九	〃　一〇	○一月十一日、弘道館の敷地を三の丸に決定する。○五月「偕楽園記」成る。	○十二月、蛮社の獄。
一八四〇	〃　一一	○一月、斉昭二度目の就藩。○二月二十日、用達渡辺半介・若年寄戸田忠敞・側用人藤田東湖を弘道館掛とする。○四月、会沢正志斎・青山拙斎（延于）を弘道館総教に任ずる。	○七月、水戸藩全領検地に着手する。

一八四一	〃　一二	○八月一日、弘道館仮開館式挙行する。	○五月、幕府の天保の改革始まる。
一八四二	〃　一三	○七月一日、偕楽園開設する。	
一八四三	〃　一四	○一月二十五日、江戸小石川藩邸に文武の教場（江戸弘道館）を開く。○六月二十八日、弘道館内に医学館を開設する。○九月六日青山拙斎没（六八歳）。○十月、会沢正志斎・青山延光、史館総裁を兼務。	
一八四四	弘化元	○五月六日、斉昭、致仕謹慎を命ぜられ、慶篤が一〇代藩主となる。○十一月二十六日、斉昭、謹慎を解除される（藩政関与は許されず）。	
一八四五	〃　二	○二月から三月にかけ斉昭の復権運動盛ん。○三月、会沢正志斎致仕する。	
一八四六	〃　三	○一月十四日、会沢正志斎・吉成又衛門ら禁錮となる。	
一八四七	〃　四	○十月四日、藤田東湖・戸田忠敞が隠居慎となる。○この年、藤田東湖『弘道館記述義』を著す。	○九月、徳川斉昭の子慶喜、一橋家を相続する。
一八四九	嘉永二	○四月十四日、会沢正志斎ら禁錮を解かれ、謹慎となる。	
一八五三	〃　六	○七月三日、斉昭、幕府の海防参与となる。また藤田・戸田は海岸防禦御用掛として定府を命ぜられる。	○六月三日、ペリー来航。○七月、斉昭、幕府へ「海防愚存」を提出。

一八五四	安政元	○三月十日、斉昭、海防参与を辞する。○三月二十七日、神勢館開館。○七月五日、斉昭、幕府の軍制参与となる。	○一月十六日、ペリー再び神奈川沖に来航。○三月三日、日米和親条約調印。
一八五五	〃二	○十月二日、藤田東湖（五〇歳）・戸田忠敞（五二歳）ら大地震で圧死する。	○十月二日、江戸大地震。
一八五六	〃三	○この年、大宮郷校・大子郷校・潮来郷校開校。	
一八五七	〃四	○五月九日、弘道館の本開館式挙行。	○十二月、水戸藩の反射炉竣工。
一八五八	〃五	○六月二十四日、斉昭、慶篤を伴い不時登城する。○七月五日、斉昭、急度慎みの処罰を受ける。	○六月十九日、日米修好通商条約調印。○六月二十五日、将軍世子、徳川慶福に決定。○八月八日、水戸藩に戊午の密勅下る。○九月、第一次小金屯集。○九月、安政の大獄はじまる。
一八五九	〃六	○八月二十七日、幕府、斉昭に国許永蟄居、慶篤に差控えを命ずる。○九月一日、斉昭江戸を発し、水戸に帰る。○十二月十九日、水戸城中大評定はじまる。	○五月、第二次小金屯集。○十一月十二日、藩庁、高橋多一郎・金子孫二郎・

			関鉄之介らに蟄居を命じ、激派を処罰する。○十二月二十六日、長岡屯集はじまる。
一八六〇	万延元	○八月十五日、斉昭、水戸城中で没する（六一歳）。	○三月三日、桜田門外の変。○七月十九日、丙辰丸の盟約が成立。
一八六一	文久元		○五月二十八日、東禅寺事件
一八六二	〃二		○一月十五日、坂下門外の変。○七月六日、徳川（一橋）慶喜、将軍後見職となる。○八月二十一日、生麦事件。
一八六三	〃三	○七月十四日、会沢正志斎歿する（八二歳）。○七月から十月にかけて玉造・小川・湊郷校で、尊攘派の集会行われる。	○八月十八日の政変。
一八六四	元治元	○五月二日、弘道館の諸生ら、願入寺に集会を開き、天狗党鎮圧をはかる。○五月十四日、城下柵町に鈴木重棟（石見守）ら門閥派重臣たちを弾劾する張紙、七軒町・願入寺屯集の諸生を批難する張紙、出る。○五月二十六日、市川三左衛門ら、願入寺屯集の諸生を率い江戸に上る（鎮派諸生らもこれ	○三月二十七日、田丸稲之衛門・藤田小四郎ら筑波山に挙兵する（天狗党の乱おこる）。

		に従う)。 ○五月三十日、天狗党、太平山を下り、再び筑波山に拠る。○六月一日、市川三左衛門・朝比奈弥太郎・佐藤図書ら門閥派が実権を握る。○六月十七日、市川ら、江戸に上った諸生を率いて天狗党追討のため江戸を出発する。 ○七月一日、慶篤、朝比奈弥太郎・佐藤図書らを罷免する。○七月七日、幕府軍および市川軍、天狗党と高道祖（下妻市）で戦い、これを敗走させる。 ○七月二十三日、市川ら水戸城に入り、城下潜伏の激派を逮捕する。 ○七月二十五日、天狗党、城下に来り、藤柄口で城兵と戦い、敗れる。 ○八月四日、松平頼徳、江戸を発し水戸へ向かう。大発勢これに従う。 ○八月十日、頼徳、大発勢を率いて、城下台町に至る。市川ら城の警備を厳にし入城を阻む。○八月十六日、大発勢および天狗党、那珂湊の水戸城兵を攻撃して敗走させる。○八月二十二日、市川勢、神勢館を攻撃、激戦を展開する。○八月二十八日、市川三左衛門ら、武田耕雲斎らの家族を獄に投じ、その邸宅を没収する。 ○九月上旬から中旬にかけて、大発勢・天狗党と幕府追討軍・諸藩兵・水戸城兵との間で那珂湊周辺において激戦を展開する。 ○十月十日、幕府軍・諸藩兵・水戸城兵と大発勢・天狗党との間で部田野（ひたちなか市）周辺で激戦を展開する。○十月二十三日、大発勢の榊原新左衛門以下一一五四人、幕府軍に投降する。○十一月一日、天狗党、大子村を出発。西上の途につく。○十二月十六日、天狗党、降伏する。	○六月十一日、幕府、筑波勢追討軍を編成、常野諸藩にも出兵を求める。 ○七月十九日、禁門の変。 ○八月二日、第一次長州征伐。
一八六五	慶応元	○一月二十二日、市川らの門閥派政権、農兵と郷校の廃止を布達する。○二月四日、幕府、武田耕雲斎・藤田小四郎ら計三五二人を処刑する。 ○三月、藩庁、水戸学を異説とし、藩学を朱子学に転換するとの布達出す。	○五月十二日、第二次長州征伐。

一八六六	〃　二	○十月十日、幕府、藩政改革のため目付を水戸に派遣する。○十一月十八日、市川派の諸生ら、藩政改革に反対し、東照宮で集会を開く。	○一月二十一日、薩長同盟成立。○十二月五日、徳川慶喜一五代将軍となる。
一八六七	〃　三	○八月十四日、原市之進、京都で暗殺される。	○十月十四日、慶喜、大政奉還を朝廷に請う（翌日勅許）。○十二月九日、王政復古の大号令出る。
一八六八	明治元	○三月十日、市川三左衛門・朝比奈弥太郎・佐藤図書ら五〇〇人余、水戸を脱し会津へ向かう（市川勢）。○三月十六日、鈴木重義ら本圀寺勢、水戸到着。○三月二十日、鈴木重義を陣将とする市川勢追討軍、会津へ出発する。○三月二十一日、慶篤就藩。市川勢、会津城下へ入れず越後へ向う。○四月五日、慶篤没（三七歳）。○四月十五日、徳川慶喜、水戸に到着、弘道館で謹慎する。○五月二十八日、武田金次郎ら水戸へ到着。○七月十九日、慶喜、水戸を発し駿河へ向う。○八月一日、市川勢、北越より会津へ向け撤退する。○九月中旬、市川勢、会津を発し水戸へ向う。○九月二十九日、市川勢、水戸城下へ入り十月一日に弘道館を占拠する。○十月一日、水戸城兵と市川勢の間で激戦（弘道館の戦い）。この時、弘道館は正庁、正門などを残し焼失する。○十月二日、市川勢、水戸を脱出する。○十月六日、市川勢、八日市場（千葉県八日市場市）で水戸藩追討軍の攻撃を受けて壊滅する。○十一月二十五日、昭武襲封。	○一月三日、鳥羽伏見の戦い（戊辰戦争おこる）。○三月十四日、五か条の誓文発布。

一八六九	〃二	○二月二十六日、市川三左衛門、東京で逮捕される。○三月十五日、城中大広間で「大広間講」はじまる。○六月十七日、新政府、昭武を水戸藩知事に任ずる。○十一月、昭武、文武上覧を実施する。	○六月十七日、版籍奉還。
一八七一	〃四		○七月十四日、廃藩置県により水戸県が設置される。○十一月十三日、茨城県誕生する。
一八七二	〃五	○一月、弘道館の機構改革が行われる。	○八月三日、学制発布。

主要参考文献

Ⅰ　史料・史料集

『弘道館関係史料』（一括）　茨城県立歴史館蔵

『水藩記事』　彰考館蔵

『水藩動揺記事』　彰考館蔵

『泮林年表』　彰考館蔵

杉山忠亮『杉山叢書』四三　国立国会図書館蔵

小宮山南梁『南梁年録』　国立国会図書館蔵

国友尚克『在公日録抄』（『長久保叢書』四〇）　東京大学史料編纂所蔵

会沢正志斎『会沢安封事稿』（写本）　東京大学史料編纂所蔵

『否塞録』（写本）　茨城県立図書館蔵

『石河明善日記』（コピー）　茨城県立図書館蔵

『太田村御用留』　常陸太田市役所蔵

『青山延寿日記』　茨城大学附属図書館蔵

『学制建議』（水戸藩産業史研究会筆写本）　彰考館蔵

水戸徳川家蔵版『水戸藩史料』上編乾・坤、下巻、別記上・下　吉川弘文館　昭和四十五年復刻

『日本教育史資料』一、巻二　臨川書店　昭和四十五年復刻

『水戸藩関係文書』（『日本史籍協会叢書』一八一）　東京大学出版会　昭和四十九年復刻

『茨城県史料』近世政治編Ⅰ　茨城県　昭和四十五年

Ⅱ　著書

瀬谷義彦著『会沢正志斎』　文教書院　昭和十七年

名越漠然著『水戸弘道館大観』　茨城出版社　昭和十九年

伊東多三郎著『日本近世史㈡』　有斐閣　昭和二十七年
吉田一徳著『大日本史紀伝志表撰者考』　風間書房　昭和四十年
瀬谷義彦・今井宇三郎・尾藤正英著　日本思想大系『水戸学』　岩波書店　昭和四十八年
高瀬真卿著『故老実歴水戸史談』　青史社　昭和四十九年復刻
名越時正著『水戸学の研究』　神道史学会　昭和五十年
『水戸市史』中巻㈢・㈣・㈤　水戸市役所　昭和五十一・五十七・平成二年
『茨城県史』近世編　茨城県　昭和六十年

あとがき

本書のもとになったのは、昭和六十二年に出版した拙著『水戸藩学問・教育史の研究』（吉川弘文館刊）の後編第一章から第八章までの記述であり、本書はその部分を要約しながら述べているところが多い。したがって、引用史料の原文、史料の所在などを含め、より詳しく知りたい方は拙著についてみていただきたい。私としては、すでに拙著を世に出していることであり、今さらこれを要約してみてもあまり意味はなかろうと、はじめ執筆には消極的であった。

しかし、この五浦歴史叢書のなかに水戸藩に関するものが何冊か入るのは当然で、その一冊として弘道館を是非、という所員の方々の意見ももっともなことなので、執筆を引受けた次第である。初校を済ませた今になってみると、私自身、久しぶりに弘道館のあゆみをふり返る機会ができ、あらためて調査継続の必要性を痛感させられたことは、むしろ僥倖であったと思っている。

本書の執筆を熱心に勧めてくださった、池谷文夫副学長、小泉晋弥所長、佐々木寛司副所長をはじめ所員の方々のご好意に、深謝の意を表したい。写真の掲載をお許しくださった弘道館事務所、茨城県立歴史館、ならびに出版にあたって万般お世話いただいた文眞堂の前野隆氏に厚く御礼を申し上げる。

平成十五年四月十六日

鈴木暎一

著者略歴
鈴木暎一《すずきえいいち》
一九三九年　茨城県生まれ
一九六三年　東京大学大学院人文科学研究科国史学専門
　　　　　　課程修士課程修了
現　在　茨城大学名誉教授
　　　　文学博士

［主要著書］
『橘守部』（人物叢書、吉川弘文館、一九七二年）
『水戸藩学問・教育史の研究』（吉川弘文館、一九八七年）
『藤田東湖』（人物叢書、吉川弘文館、一九九八年）
『国学思想の史的研究』（吉川弘文館、二〇〇二年）
『流星の如く―幕末維新・水戸藩の栄光と苦境―』（瀬谷義彦氏との共著、NHK出版、一九九八年）

五浦歴史叢書3
水戸弘道館小史

二〇〇三年六月五日　第一版第一刷発行
二〇一八年五月一日　第一版第二刷発行

検印省略

著　者　鈴　木　暎　一
発行者　前　野　　隆
〒162-0041 東京都新宿区早稲田鶴巻町五三三
発行所　株式会社　文　眞　堂
電　話　〇三―三二〇二―八四八〇番
ＦＡＸ　〇三―三二〇三―二六三八番
振　替　〇〇一二〇―二―九六四三七番
製作　モリモト印刷

ISBN978-4-8309-4454-3　C3021

『五浦歴史叢書』の刊行にあたって

近年の水戸市および茨城県における芸術・文化の発展と活況には著しいものがある。旧来からの茨城県立歴史館、新設の茨城県近代美術館、つくば分館、水戸芸術館、常陽記念館等の活発な活動に加え、一九九七年秋には茨城県天心記念五浦美術館が開館し、今や水戸市および茨城県は、関東近県第一の文化都市、文化県に成長しようとしている。

二十一世紀を迎えるにあたり、茨城県と水戸市の文化的発展を展望するとき、文化発信の重要な媒体である出版文化の活性化によってこうした状況に対応し、地域独自の文化を育成してゆく課題は、今日ますます大きなものになりつつある。

『五浦叢書』（美術・歴史・文学の三部門からなる）は、茨城大学五浦美術文化研究所が母体となり、出版社と提携し、茨城県からの新しい文化創造と全国へのその発信に資するべく、美術、歴史（含地誌・文化）、文学等に関する質の高い単行書を長期的展望に立って出版することを目的としている。

『五浦歴史叢書』は、右に掲げた歴史（地誌・文化）分野を対象として、地域文化の活性化に寄与しようとするものである。来るべき二十一世紀は「地域の時代である」との期待は、今日ますます大きなものとなっている。新たな時代を展望するとき、その地域独自の歴史と文化を掘り起こし、それを茨城県民、全国市民の方々に提供することが、『五浦歴史叢書』の目的である。ともに未来を考えよりよき社会を創り出してゆくための素材として本叢書は企画された。

一九九九年一月

茨城大学五浦美術文化研究所